Cäsar Flaischlen

Von Alltag und Sonne

# Von

# Alltag und Sonne

### Gedichte in Prosa

Rondos ❀ Lieder und Tagebuchblätter
Mönchguter Skizzenbuch ❀ Lotte, eine
Lebensidylle ❀ Morgenwanderung

von

## Cäsar Flaischlen

1. Neuauflage
Leipzig
2002

Impressum:

Copyright © 2002
Alle Rechte vorbehalten
Selbstverlag Boris Eggers
Leipzig
1. Neuauflage
Oktober 2002
Cover- & Layoutgestaltung: Boris Eggers


Herstellung & Vertrieb:
Books on Demand GmbH, Norderstedt

ISBN 3-8311-4442-7

# Einleitung

Es ist die erste Neuerscheinung seit 1943, die in der vorliegenden Ausgabe vom Autor publiziert worden ist. Es mag in manchen Teilen nicht ganz zeitgemäß sein, doch bleiben sie gefühlsmäßig gleich. Daher sollte dieses Büchlein nicht wie ein Roman gelesen werden, sondern eher blätternd, je nach Lust und Laune aufgeschlagen, so wie es einst in einer Kritik hieß:

Dieses Buch will nicht kämpfen.
Es kommt ohne Waffen.
Es kommt wie ein froher Mensch,
der durch einen Sonntagmorgen wandert
und sich der schönen Welt freut
die sich um ihn breitet,
und dann und wann ein Lied singt.

Ich möchte noch darauf hinweisen, dass es sich nur um einen kleinen Gedichtband handelt. Das Leben von Cäsar Flaischlen wird in einer gesonderten Biographie im Frühjahr 2003 erscheinen.

Boris Eggers
Herausgeber

# Rondos

Aus den Jahren
1891 bis 1897

## „Trag Rosen ! komm, trag Rosen !“

„- Und was du tust, ist es nicht
das Gleiche?! Zu einem Andern
aber sagst du : er sei ein Tor !“

Trag Rosen ! komm, trag Rosen !“ bat er innig und schmeichelnd, voll zitternder Sehnsucht und Angst, voll zehrender Ungeduld in den blitzenden Augen . . . ein Kind, ein Knabe . . mit langen braunen Locken . .

„Trag Rosen ! komm, trag Rosen !“

und seine Stimme klang wie das Locken verhaltener Liebe, die das Herz sprengen möchte und jauchzen und hinausjubeln in den Sonnenschein über Hag und Gärten :

„Trag Rosen ! komm, trag Rosen !“

Aber es war ein Dornbusch, von dem er das bat, . . und die Leute, die vorbeigingen, lachten über das törichte Kerlchen : es sei eben ein Kind !

Er aber trotzte : „Lacht ! ich weiß es besser ! er kann Rosen tragen, wenn ich nur das rechte Wort finde, wenn ich nur . . Geduld habe und warte !“ und ließ sich nicht irre machen :

„Trag Rosen ! komm, trag Rosen !"

Und er kam am Morgen, kam am Mittag und kam am Abend und wurde nicht müde, zu warten, und küsste die Dornen mit brennenden Lippen und drückte sie an sein hämmerndes Herz, bis es blutete, und bat . . und bat und noch im Traum selbst bei Nacht voll zitternder Sehnsucht und Angst :

„Trag Rosen ! komm, trag Rosen !"

Das gute kleine Närrchen ! . . zu einem Dornenbusch !

. . . . . . . . . . . . . . . . . . . . . . . . . . . . . . . . . . . . . . .

Und doch . . und doch . . . ja :

„„„Trag Rosen ! komm, trag Rosen ! „Trag Rosen ! komm, trag Rosen !"""

10

## Zwischen Sommer und Herbst.

. . . Wenn Sichel und Sense durch das Korn
rauschen. jenes leise Dengeln am Abend . .
scharf, hart, und doch, ich weiß nicht: müde,
wie Reue, wie heimliches Weinen ! . . und ein
Paar Schnitterinnen, auf dem Heimweg, über
die Felder hin, ein Lied singend . . .
. . . . . . . . . . . . . . . . . . . . . . . . . . . . . .
„Du bist der scheidende Sommer, ich
bin der sterbende Wald"
Nach Heine.

Vielleicht kommt doch einmal die Zeit, auch für dich, da
die Gärten im Schatten liegen, Marie-Anne, und die
Rosen in heimlicher Sehnsucht dem Sonnenstrahl nachflat-
tern, der da mit müder Hast sich durch das Laubgehänge zum
Park hinaussucht, als flüchte er vor dem Spott des Satyrs
Herbst, der grinsend am Torgitter lehnt . . . die Zeit, da das
Lied des Vogels stille geworden in den Wipfeln und die
Wälder schweigsam und reglos stehen in nebelspinnender
Dämmerung.

Noch zwar leuchtet der Sommer in üppiger Jugend-
pracht, mit glühender Wange, mit bebender Lippe und
schwellender Brust, berückend, liebeverlangend, verführerisch,
schön . . schön . . wie du mir entgegentratst, Marie-Anne :

11

morgens, wie das Frührot den Tag erweckt: frische Blumen in der Hand, vorm Fenster gepflückt, verzehrende Glut im dunkeln Auge, verhaltene Leidenschaft in der Stimme, mit wogender Brust, traumglühend, sehnsuchterregt, liebeverlangend, verführerisch, schön . . schön . . wie du . . . wenn du von Mondlicht überflutet, im verschwiegenen Zimmer, die weißen Arme um mich schmiegtest und der Duft deines Körpers wie sengende Lohe in mein Blut zischte . . . . . noch leuchtet der Sommer in üppiger Jugendpracht . . vielleicht kommt aber doch einmal die Zeit, auch für dich, da die Gärten im Schatten liegen und die Rosen der Sonne nachflattern, Marie-Anne !

Denkst du noch jener ersten frühen Zeit . . . ehe jene Stunde kamen am See . . . wie glücklich wir zusammen ! fröhlich und selig wie Kinder, über nichts jubelnd und jauchzend ?!

Denkst du noch jener Abende dann, da wir, die Arme umeinander, die Gartenhalde entlang gingen, beim Aveläuten vom Tal her . . und das Märchenweben der Sommernacht mit seiner stummen Sehnsucht uns überglühte, dass Lippe sich auf

Lippe verlor und kaum satt zu werden vermochte in seligem Durst ? !

Denkst du noch, wie glücklich wir da waren, damals . . und dann . . nachher . . bis jene Stunden kamen am See ? !


Und es könnte noch so sein, es könnte noch sein, wie es war ! denn noch leuchtet der Sommer in üppiger Jugendpracht . . . wenn du nicht müde wärest und verdrossen und . .

lächeltest . . jenes feine, schmerzende Lächeln verglühter Leidenschaft . . wenn ich, wie sonst deine Hand einmal nehme und an die Lippen drücke oder . . allzu stürmisch vielleicht, . . meinen Arm um deinen Hals schlingen möchte . .

ich täte dir weh ! sagst du, und . . . und . . „es ist so schwül und schwer und ich bin müde !"


Ja . . ich tue dir weh ! und es ist so schwül und schwer und du bist müde ! . . .

sommermüde ! . . .

Sichel und Sense rauscht durch Korn und wie windvertragenes Dengeln klingt es herüber, scharf und hart, halb Reue, halb Sehnsucht, wie heimliches Weinen . . . und die Glockenlaute vom Tal her . . wie ein Aveläuten unserer Liebe !

13

Was ich auch tue, ich tue dir nichts zur Freude, ich tue dir nichts mehr zu Dank ! . . .

Vielleicht aber kommt doch einmal die Zeit, auch für dich, da die Gärten im Schatten liegen, Marie-Anne, und du zurückdenkst an deinen Weggenossen von einst, dem nichts zu viel war für dich und der da sorgte für dich, wie ein Vater für sein Kind und der an dir hing, wie ein Kind an seiner Mutter, . . den du aber . . laufen ließest, wie man einen . . laufen lässt, dessen man eben müde geworden . .

vielleicht kommt doch einmal die Zeit, da du siehst, was du verloren, da es dir leid tut, nicht froher gewesen zu sein, da dich ein Heimweh überschleicht nach jenen Tagen unseres Kinderglücks und du wie die Rosen mit heimlicher Sehnsucht dem Sonnenstrahl nachflattern möchtest, der mit müder Hast durchs Laubgehänge sich zum Park hinaussucht, als flüchte er vor dem Satyr am Torgitter . .

die Zeit, da das Lied des Vogels stille geworden ist in den Wipfeln und die Gärten im Schatten liegen, Marie-Anne !

## Ich muss an das Meer denken ...

Ich muss an Meer denken, wenn ich deine Augen sehe . . .
an das Meer . . Sonntag Morgens !
Durchsichtig bis zum Sandgrund wiegt es sich zum Strand, mit
glasklarhellen Wellen, und wie leises Glockenklingen singt es
über seine blaue sonnenfrohe Stille und weiße Schiffe ziehn
am Horizont, gleich lichten Träumen in die Ferne suchend . .

wunschloser Frieden überall . . .

und dennoch lauert was in seinen Wellen und auf dem
Grund, in den es blicken lässt,

und in den blauben Tiefen seiner Ferne . .

lockend und drängend . .

etwas, das eine stumme Sehnsucht dir ins Herz wirft . .
du weißt nicht, wie . . dass du aufjubeln möchtest und dich
hineintrinken in seine kühle Frische und die Brust dir baden,
stark und frei . . und plötzlich dann aufweinen wieder in
unbegreiflich unsagbarem Weg und niederknieen und den
Strand küssen, den es umspielt . . wie ein Kind . . .

Ich muss an das Meer denken, wenn ich deine Augen
sehe . . . an das Meer . . Sonntag Morgens !

## Nicht allzu lustig !

Ein Freund, der es ehrlich und gut meint, wie ich mit dir, Lise-Lotte, ist etwas wert heute, selbst das kleine Opfer einmal einer Laune . . . in einer Zeit, die längst keine Zeit mehr hat für Freundschaft und für die auch Liebe nichts weiter, als ein kurzes taumelndes Vergessen ihrer Unliebe und Nüchternheit ; glaube mir : ein Freund, der es ehrlich und gut meint, der es so gut meint, wie ich mit dir, ist da etwas wert, Lise-Lotte !

Du weißt es ja auch und nickst entzückend kokett mit deinem Schelmenköpfchen unter dem breitrandigen Veilchenhut dazu . . o ja, du weißt es wohl und weißt wohl, dass keiner wieder  wenn ich weg sein werde . . dass keiner wieder so treu für dich sorgen wird ! dass keiner deinem lieblichen Leichtsinn so alles Arg nehmen wird und deine fröhlichen Unvorsichtigkeiten gut zu machen suchen, wie ich ! . . O ja, du weißt wohl, wenn du ernst bist, dass ein Freund, der es ehrlich und gut meint, etwas wert ist heute, Lise-Lotte !

16

Drum aber lass nicht die Laune eines Augenblicks Herr werden über dich und sei nicht gleich unwillig, wenn er dich bittet : Nicht allzu lustig, Lise-Lotte ! nicht allzu lustig ! . .

Es würde Keiner so zu dir sprechen ! O nein, sie würden alle dich nur immer lustiger haben wollen. Und du ? . . du wärst es ! du wärst es ! . . und wärst dann nur, was jede sein könnte : ein Scherz, ob dem man sich freut, dessen man sich aber kaum erinnert mehr, wenn man ihn durchgelacht . . ein Glas das man stehen lässt, wenn man es leer getrunken ; . . ein Blumenstrauß, den man in einem Winkel wo verwelken lässt, oder wegwirft, wenn anderes lockt . . es gibt ja immer neue Blumen ! . . Drum lass ihn und sei ihm lieber dankbar, anstatt die Stirn zu runzeln und missmutig zu werden, wenn er dich bittet : nicht allzu lustig ! . . denn ein Freund, der es ehrlich und gut meint, der es so gut meint, wie ich mit dir, ist etwas wert heute, Lise-Lotte !

## Einem Freunde

Du möchtest fort aus diesem grauen Norden mit seinem wolkenschweren Himmel und mit den müden Tagen seiner langen Herbste . . du möchtest fort aus all dem herben Ernst und steten Kampf . . .

du sehnst nach Farbe dich, nach Sonne und nach Freude, nach stillen Träumen blauer Meere zu Füßen vermooster Götterbilder und zerfallener Tempel . .

das Herz dir wieder zu gesunden und Mut zu holen, Kraft, zu Tat und Arbeit, wie du sagst . . .


Ich aber glaube fast, ich weiß es besser : das frohe Land, von dem du träumst, mit immer blauem Himmel, mit lachenden Märchen, süßem Liebeslied . . ich glaube, es ist nicht Italien, wie du meinst . . .

ich brauche dir nur ins Gesicht zu sehen, wenn du sagst, der Bann des Tages ließe dich nicht los . . ich brauche nur zuzuhören, wenn du dann und wann von deinem Leben sprichst . . ich brauche nur dir einmal zu begegnen, am Hügelkreuzweg droben, wenn du stehst und übers Tal hinsuchst zur Ferne . .

ich weiß es besser dann, Freund, als du selbst : das frohe Land, von dem du träumst . . und alle, die sich so gleich dir fortsehnen aus den langen Herbsten unseres Nordens, das frohe Land mit immer heiterem Himmel, mit farbenfreudigerem Leben und leisen Wiegenliedern blauer Meere zu Füßen vermooster Götterbilder und zerfallener Tempel . . .

Nein, es ist nicht Italien, wie du's nennst und wie du wohl auch meinst . . .

ich sehe ins Auge dir und weiß es besser :

es liegt nicht vor dir . . .

es liegt . . hinter dir !

## Der Hof

Im Schatten schweigend liegt der Hof mit seinen hohen taubenüberflogenen Giebeln und rings ums Haus hin laufender Veranda, in alter knorriger Eichen treuer Hut . .

vor wenig Stunden noch in Sonnenschein und nun in matter Dämmerung . . .

Die Sonne bog gegen Mittag um den waldigen Berg und mit ihr flog der Schmetterling jenseits des Bachs, der durch die Wiese schlängelt, die zwischen Hoftor sich und Kirchhof breitet, und mit dem Schmetterling der lustige Fink, der in dem Apfelbaum sein Lied getrillert.

Und so von Stund zu Stunde rückt sie weiter und ebenso unmerklich leise, aber unaufhaltsam wird auch der Schatten immer breiter vor dem Hof . .

wie die Erinnerung an Jugendtage, an erster Liebe morgenleuchtend Glück, von Jahr zu Jahr unmerklich ferner wird und breit und immer breiter auch der Schatten, der uns von dem, was war einst, scheidet . . . denn wenn die erste Jungend einmal schwand, bleibt alles doch ein Wandeln nur im

Schatten und alle Luft mischte sich mit Sehnsucht nach der Morgensonne, die so früh schon ging und unaufhaltsam ferner rückt und ferner . . .

schied mit ihr doch der sorglos heitere Sinn, der traulichen Spiels um Blüt und Blumen gaukelt, die frohe Zuversicht, die Ernst und Leid in Klang und Lied sich löst.

Ich steh am Tor und sehe der Sonne nach . . . dass ich sie halten könnte ! halten ! einen Tag nur, eine Stunde ! doch umsonst :

Ein kurzes Weilchen noch und auch die Wiese liegt schon im Schatten, schweigend wie der Hof . .

und nachzuwandern ? . . ach , es nützte nicht ! ich holte ihren goldenen Schimmer doch erst an der Mauer ein, mit der der Kirchhof drüben auf dem Hügel ragt, und träfe sie nur zwischen Gräbern und Zypressen . . von Schmetterlingen und von Schwalben überschwirrt.

Im Schatten schweigend liegt der Hof . .

noch einmal blitzen hellauf seine Fenster . . im Widerglanz der Totenkreuze drüben, auf die die Sonne fällt . .

wenig Sekunden . . und auch er verglimmt . .

und es ist Abend . . und wird Nacht !

## Auch wir werden alt werden ...

Auch wir werden alt werden, Hannie, und Furchen und Falten werden sich in unser Gesicht graben und das Herz wird müde werden, des frohen Glaubens seiner Jugend und müde der bunten Hoffnungen, mit denen es sich freute und über alle Enttäuschungen hinweglachte.

Und es gab Zeiten, da wir wünschten, älter zu sein !

Erinnerst du dich ihrer ? ! dumme, süße Zeiten !

da wir mit trunkener Sehnsucht in die Ferne drängten und alles Schöne stets nur in der Zukunft suchten ? !

Erinnerst du dich dieser Zeiten noch ? !

da wir in Freuden schwelgten, die wir haben würden, und verschwenderisch in unserem Jubel wie törichte Kinder das stille Glück der Gegenwart kaum achteten, denn jeder nächste Frühling brachte ja viel schönere Sonne und viel rotere Rosen !

und da wir jeden ausgelacht, der gewarnt hätte : auch wir würden alt werden, und Furchen und Falten würden sich in unser Gesicht graben !

Und heute ? sieh : heut sind wir zweifelnder geworden schon und zager und geiziger mit den frohen Stunden unseres Tages . . .

wir träumen immer noch : ein jeder nächste Frühling müsse uns viel schönere Sonne noch, viel rotere Rosen bringen, und gäben doch nicht mehr so leichten Herzens den schönen Augenblick dafür !

So flattert unsere Sehnsucht einer weißen Taube gleich durch unsere Jahre . . weit voraus erst in die blaue Ferne und dann, allmählich rückwärtssuchend, über uns zurück . . bis plötzlich alles, was wir einst gewünscht und vor uns wähnten, hinter uns liegt . .

erfüllt, erlebt

und ohne dass wir wüssten, wie es kam und wie es ging. . .

und so . . werden auch wir alt werden, Hannie, und Furchen und Falten werden sich in unser Gesicht graben und das Herz wird müde werden, des frohen Glaubens seiner Jugend und alles, was wir in die Zukunft träumten, wird auf einmal hinter uns liegen

erfüllt, erlebt

und ohne das wir wüssten, wie es kam und wie es ging.

## Ich hab es gerne...

Ich habe es gerne, wenn Nebel liegt . . jener schwere dicke Herbst- und Winternebel, durch den die Sonne nicht mehr durchkommt, so dass es wie weiße Nacht in den Straßen steht es ist so schön still dann überall . .

das laute Rasseln und Rollen des Alltags dämpft sich zu leisem heimlichem Summen, das ganze Leben rinnt zu Traum hinüber und es ist immer nur ein kleines Stückchen, das du übersiehst . .

Ich habe es gerne drum, wenn Nebel liegt : es ist so traulich und so heimisch, dann auf Erden :

die grellen Lichter verfließen, die stürzenden Wogen verrauschen und all die Unruhe in der Brust verstummt und das quälende Hinausdrängen ins Weite . .

lächelnd kehrt die Sehnsucht aus der Ferne und ein selig Froh-Sein schmeichelt sich ins Herz und küsst mit Kinderlippen alle seine Wunden zu, und inniger schmiegt der Wunsch sich an die Nähe . . .

Es ist wie ein still Zu-Hause-sein, wie ein Besinnen auf sich selbst und Kräfte-sammeln . .

es ist, wie wenn du aus dem Lärm der Fremde für ein paar Stunden einmal in die Heimat kämst und durch die alten lieben engen Gassen gingest . .

du weißt, man kennt dich hier . . man hat dich lieb . . du wirst dir selber wieder lieb . . und fühlst als Ganzes dich . . und fester tritt dein Fuß auf, ruhiger und sicherer

und freudiger siehst du nachher die bunte Ferne sich enthüllen wieder . .

Ich habe es gerne drum, wenn Nebel liegt . . es ist so traulich und so heimisch dann auf Erden !

# Ecce poeta

Frag nicht, ob mich Dornen verwundet ! . .
  Nein, nein ! . .

wozu auch das Herz dir müd machen mit unnützer Qual und Sorge ! nein, vergiss dein Leid, vergiss deine Tränen und freue dich der Rosen, die ich dir bringe . . und wär's auch nur für ein paar Stunden ! . .

freue, freue dich ihrer und komm und lass sie mich ins Haar dir flechten, weiß und rot und rot und weiß, und lass mich deine Jugend überglühn mit ihrer Lust, wie der Sommer draußen das Gelände überwogt mit seiner Wonne, dass es aller Wintertraurigkeit vergisst . . und lass sie mich auf den Weg streun, den du schreitest . . meine Rosen, weiß und rot und rot und weiß . . und frag, nicht ob mich Dornen verwundet, als ich sie brach !

Freue dich ihrer und freue dich des Lieds, das ich dir jauchze . . ich habe nichts als diese Rosen und als dieses Lied und frage nicht, was ich dafür geopfert und womit ich sie erkauft ! . . wozu dir das Herz müd machen ! Nein, nein, frag nicht, verlange nicht, mir in die Brust zu sehn !

Verlange nicht, mir in die Brust zu sehn ! . . . was du sähest, würde dich erschrecken, wie du erschräkst, wenn ein Traum dich vor ein Grab führte und du auf dem Marmorstein darüber den eigenen Namen läsest . . mit eisiger Hand griffe es dir ins Herz und dein Lachen würde verstummen, wie es verstummt, wenn man einen Menschen mit dem Tode ringen sieht und dasteht und keine Macht hat, ihm zu helfen.

Du sähest einen langen Zug Söldner und Knechte und neugierige Weiber und Kinder, die Anhöhe vor der Stadt hinauf, lärmend und johlend, und in ihrer Mitte einen bleichen Mann, mit denkmüder Antlitz, zusammenbrechend fast unter der Last eines Kreuzes, einen Dornenkranz auf der blutenden Stirn . . . und wie sie ihn weiter zerrten unter Schimpf und Schande, lärmend und johlend : er habe König sein wollen und den Menschen Trost bringen in ihrer Mühsal und Glauben und Freude und . .

könne sich selbst nicht helfen ! !

Und du sähest, wie sie ihn preis gäben und höhnten, wie sie mit rohem Gelächter ihm Nagel um Nagel schlügen durch Hände und Füße und wie sie das Kreuz aufrichteten im Blutschein der sinkenden Sonne und wie er dahinge, in der

Qual seiner Seele und im Schmerz seines Leibes und wie er zu Gott schriee, dessen Bote er sein wollte, und wie sie nach im stächen und seiner Zuckungen sich freuten . . . und lärmend und johlend wieder zur Stadt zurückzögen, als ob nicht geschehen weiter . . .

Und du sähest, wie die Nacht hereinbräche über die einsame Stätte. Schwarz und düster ragt das Kreuz in den schweigenden Himmel. Gleichgültig flackern die Sterne in ihrem Ewigkeit, gleichgültig hebt sich der Mond über den blauen Saum der Wüste. Alles ist einsam, tot und leer. Nur am Fuße des Kreuzes liegt eine alte Frau mit weißem Haar und blind geweinten Augen . . . nein, nein, Kind, verlange nicht, mir in die Brust zu sehn !

Nein, nein, verlange nicht, mir in die Brust zu sehn . . du hättest doch keine Macht mir zu helfen, auch wenn du wolltest ! Mit eisiger Hand nur griffe es dir ins Herz und du würdest weinen müssen und weinen und nicht mehr froh werden können . . .

und . . ich habe die Menschen e r l ö s e n wollen von ihren Tränen ! ! . .

es würde dir Falten ins Gesicht furchen, wie jener alten Frau am Fuße des Kreuzes, und dein Haar bleichen und kein Gebet vermöchte mich zu retten . . . :

Denn ich müsste es doch leiden, denn ich könnte doch nicht widerufen, denn ich bin doch, was ich bin : ich bin doch ein Bote meines Vaters und ein König und gekommen in die Welt, den Menschen Trost zu bringen in ihrer Trübsal und Glauben und Freude . . . und ob sie mich auch ans Kreuz schlagen dafür . . .

Nein, nein ! verlange nicht, mir in die Brust zu sehn ! und forsche nicht, was hinter dem Lied das ich dir jauchze, und frag nicht, ob mich Dornen verwundet bei den Rosen, die ich dir breche . . .

nein, nein !

freu dich, freu dich ihrer und komm und lass sie mich ins Haar dir flechten, weiß und rot und rot und weiß, und lass mich deine Jugend überglühn mit ihrer Lust, wie der Sommer draußen das Gelände überwogt mit seiner Wonne, und lass sie mich auf den Weg streun, den du schreitest, meine Rosen, weiß und rot und rot und weiß, und frag nicht, ob mich Dornen verwundet !

## Ganz still einmal...

Ganz still einmal im Grünen liegen dürfen . . zu einem sommerblauen Himmel sehn, mit weißen Wolken . . und auf das Zwitschern in den Wipfeln hören . . auf das Geriesel heimlicher Quellen . . den Duft der Luft einschlürfen und des blühenden Laubes, die selige Ruhe rings des vollen, reifen Lebens . . . ganz still, und nicht zu denken haben an all die hundert nichtigen Notwendigkeiten, die so und so viel Sorglichkeit und Müh erfordern, und nur : damit das Pendelwerk des Tags nicht stehen bleibt . . . ganz still einmal im Grünen liegen können

und Alles

vergessen dürfen, was man soll und muss . . und will ! für andere und für sich ! und will und soll und muss . . .

und seine Träume

gleich Schmetterlingen gaukeln lassen,

sonnenselig,

von Rosenstrauch zu Rosenstrauch, mit schimmernden Flügeln, das flimmernde Tal hin, über goldene Felder und wallende Flüsse zu duftverlorenen fernen Höhen, und weiter, tief und immer tiefer, ins kühle Wogenblau des Himmels . . sonnenselig . . .

ganz still einmal so liegen können

und ohne dass

auch diesem Tag dann wieder vom Kirchturm drüben
eine Glocke klingt

und ohne dass

auch dieser Tag dann wieder im Grau der Abenddäm-
merung untersinkt !

# Lieder und Tagebuchblätter

Aus den Jahren
1891, 1893, 1897

### Es war so schön...

Es war so schön, und nun umzieht sichs wieder, mit grauen bleiernen Regenwolken, eh du noch Zeit gefunden, dich zu freuen

und das bisschen Sonne ist wieder weg und
mit ihm gleich der ganze frohe Trug der Dinge . . .


Und dann und wann . . ein bisschen Sonne, ein goldener Tag mit blauem Himmel und weißen Wiesenblumen und einem Liedchen, tief im grünen Grund,

ist Alles,
was du am Ende hast von deinem Leben !

*

Da aber kommt sie doch wieder aus ihren Wolken . . ein halb Stündchen vorm Nachtwerden . . als ob sie doch den Tag nicht gehen lassen wolle, ohne einen Kuss auf seine sehnsuchtstillen Augen . . .

ein halbes Stündchen vielleicht . . und dennoch . . lang genug und schön genug : des ganzen grauen Tags Unfreude und all die Torheit seines Missmuts wieder vergessen zu machen !

Wie hab ich dich lieb, Sonne !

# Der Strauß

Wir wollen uns nicht mehr sorgen, komm ! wir wollen lieber die Hecken hingehn und die goldenen Felder draußen und all die Unrast einmal hinter uns lassen, mit der wir uns so müd und unfroh machen müssen.

Komm ! nimm deinen Hut ! Ich hab so Sehnsucht aus all den Mauern und aus all dem Lärm hinaus ! . . nach Stille, Rast und Ruhe !

und du sollst mitkommen !

ganz still ! und dann . . wollen wir uns freuen draußen über den blauen Himmel, und über die goldenen Felder und die grünen Wiesen

und einen Strauß Blumen mitnehmen und ihn zu Hause auf den Tisch stellen,

so dass wir immer denken müssen, wie schön es sein kann, und immer wieder froh und mutig werden !

# Regentage

Regen, Regen und Regen !
       tagelang !

und dumpf und bleiern lastet der Himmel auf die Erde,
wie schleichender Tod.

Ich will ihm trotzen . . aber immer stiller wird mein
Lachen und immer lähmender fällt es in meine Brust und
immer lauter draußen rinnt der Regen und ich muss immer
wieder hinaussehen und zuhören

und immer lauter wird die Stille um mich her und ich
fange an, mit mir selbst zu sprechen,

wie ein Kind, das sich im Dunkeln fürchtet . . .

Und an einem solchen Abend tratest du in meine Türe,
ein paar Rosen in der Hand, und lachtest :

Du, in vier, fünf Wochen ist es wieder Frühling ! . . ist
das nicht schön ! ?

# Glück

Nun ward es Sommer und die Rosen blühn und blaue Sterne blitzen durch die Nacht . .

und durch die Nacht und ihre blühenden Rosen und ihre glück-tieffrohe Stille hingegen wir

. . zwei selige Kinder . .

und endlos vor uns breitet sich . . in wunderbarer Helle, von reifendem Korn durchrauscht, die schöne Welt.

## Und die Sonne kommt !

Und die Sonne kommt ! und die Sonne kommt !
und es wird doch ein schöner Tag ! . .

Immer weiter reißen die Risse in den Wolken und immer blauer leuchtet der Himmel dahinter und über dem Forsthof steigen die Tauben und auf den Wiesen funkelt der Tau . .

bunte Schmetterlinge fliegen und die Blumen nicken und lachen und vom Birkenhang über den Bach her

klingt ein fröhliches Erntelied . . .

Die Sonne kommt ! die Sonne kommt !
und es wird doch ein schöner Tag !

## Sommermittag

Liebe?
Nein ! es war nicht Liebe ! es war ein kurzer Sinnentaumel nur, der dir das Blut aufstürmte . .

Wie heißer Juliwind mit durstigem Kusse die Wellen aufreißt in den stillen Havelseen, sich satt zu trinken für seinen Weiterflug über den brennenden Marksand

brachs plötzlich über dich, in deine Stille, durstig, lechzend . . und drängte deine Hand in mein Haar und meinen Kopf auf deinen Schoß und empor an deine Brust und empor, bis ich deinen Atem auf die Stirne glühen fühlte . . wie der Wind die Wellen emporküsst . . bis wir Lippe an Lippe hingen . . mit geschlossenen Augen.

Und dennoch liebtest du mich nicht und deine Seele war weit weg in der Ferne . .

nur dein Mund war mein . .

O dass ich sie zu mir schmeicheln könnte ! dass deine Seele mein würde ! deine weiße ferne Seele mit all der Wonne ihrer Sonnensehnsucht . .

einen Tag nur,

eine Stunde nur !

dass mein Glück nicht bloß ein Taumel deiner Sinne . .

dass dich das mir gäbe, was mich selbst deinen Knieen niederwirft in stummer Seligkeit.

## Mitten in der schönsten Rosenzeit...

Mitten in der schönsten Rosenzeit . .
Glühwürmchen leuchteten in den Büschen und durch
die Tannen flimmerte der Mond und leicht und fein wie
Spinnweb nebelte sein leises Licht im Uferschilf des Sees . . .

Es war der Weg, den wir so oft gegangen, lachend und
singend . .

früher . . .

diesmal aber . .

ich weiß nicht mehr, was uns so schweigsam machte . .

ich weiß nur noch, dass du auf einmal . . an der kleinen
Brücke war es . . stehen bliebst und über den See hinsahst, und
dann, als wär dir kühl, den Umhang fester zogst . .

„Wie schön ! und doch : ist das nicht alles schon, als
ob es . . Herbst . . wäre ? !"

Mitten in der schönsten Rosenzeit ! ?

„. . als ob es Herbst wäre !'

und ich ? . .

warum . . warum . . war mir auf einmal auch . . als ob
es Herbst wäre . . mitten in der schönsten Rosenzeit ? !

## Ein Sonntag

So geht ein Sonntag still zu Ende, auf den du lange dich
gefreut . .

    ein müder Bettler steht am Weg,

    am heimatlosen,

    und spielt ein Leierkastenlied . .

    ein leises Abendrot verweint am Himmel . .

    und aus den Gärten her, sommermüd,

kommt's wie ein Duft von heimlich welkenden Rosen.

## Aus der Ferne

Es ist, als suche Etwas nach mir . .
irgend woher . . aus der Ferne . .

ich fühl's . .

und über einem See drüben sucht es . . weit weg . . zwischen jungen wehenden Birken, die vor einer Rotdornhecke stehen,

und in schneeblumenweißem Kleide geht es über grüne Wiesen mit nickenden Blumen und immer hastiger und hastiger hang- und hügelauf durch rotes Heidekraut

und über Steingeröll, immer höher, über Klippen und Grate, und steht und ruft meinen Namen ins Tal und in die Wolken ..

Wer bist du ? was willst du ? !

und plötzlich tritt es in mein Zimmer, immer in schneeblumenweißem Kleide und starrt nach dem Platz, auf dem ich sitze . .

mit weitoffenen Augen . . doch wie ins Leere !
oder . . als ob ein anderer da säße, den es nicht kenne . .

und geht durchs Nebenzimmer und setzt sich auf die Treppe draußen und weint und schluchzt . . .

Was willst du ? wer bist du ?

. . . . . . . . . . . . . . . . . . . . . . . . . . . .

Und plötzlich wird es wieder totenstill und ich höre nur ein fernes Wehen, als brauten Nebel über einer Wiese.

**Ende**

Verträumt und müde wie ein Schmetterling im September taumelt der Sommer das Gelände entlang. Altweiberfäden wirren sich um seine zerrissenen Flügel und die Blumen, die noch blühen, haben keinen Honig mehr.

Am Hochwald drüben, hinter dem die Sonne glutet, lauert die Nacht, gleich einer großen Spinne, und wie ein engmaschiges Netz hängt sie die Dämmerung vor das verflackernde Abendrot, nach dem der Schmetterling seinen Flug nimmt.

### So still und ruhig...

So still und ruhig, so erfüllten Wunsches froh gingen auch wir einst durch die lauten Straßen, langsam, Arm in Arm, und plaudernd, wie man so plaudert, wenn man Sommerabends durch die Straßen schlendert . . ein bisschen aus den Häusern rauszukommen und die Sonne untergehn zu sehen,

draußen, über der Heide, braun und rot . . .

es ist so schön, die Sonne untergehn zu sehn und Hand in Hand so, eines stillen Glückes ruhig, im schattenlosen, weichen Licht der Dämmerung zu stehen . . .

Und nun ist alles, wie vor jenem Sommer :

in Hast und Unruh hetz ich durch den Tag und suche mich in Arbeit zu vergessen und nenne das : Sieg ! und nenn es Knabentorheit : seine Zeit an solche Stimmungen und Liebesträume zu vertrödeln !

Und dennoch, wenn ich auf den Straßen dann und wann Zwei gehen sehe, unbekümmert um den Lärm rings plaudernd und so still und ruhig, wie auch wir einst gingen . .

da packt es mich und wie ein Bettler folg ich ihnen, . . irgend ein paar Worte zu erhorchen, und wie ein Dieb, von ihrem stillen Glück mir was zu stehlen.

## Das sind so Tage...

Das sind so Tage . . .
wie ein fremder Zwang liegt es auf deiner Seele und nimmt ihr die Kraft und nimmt ihr die Ruhe und lässt nicht los . . .

und lässt nicht los . . .

es ist wie Totensonntag über dir und wie das Rauschen schwerer, schwarzer Flügel und dann ganz leise wieder wie die Seufzer einer Herbstnacht . .

als gräme irgendwo ein Mensch sich, den du kennst, in namenloser Angst und Qual und riefe dir . . du weißt nicht, wer ? du weißt nicht, wo ? . . es ist nur wie ein ungeheurer Jammer um dich her . . .

und du springst auf,

als könntest du suchen . .

doch überall steht es wie graue Dämmerung dir entgegen und immer,

immer siehst du nur : ein frierend Kind an deinem Weg und . . . rot . . geweinte Augen und feine blasse Hände flehen zu dir auf : Hilf mir ! komm ! ich bin die Sonne, bin die

Freude ! ich bin das Beste, das du hast ! hilf mir ! ich bin . . ich bin . .

und dann erstickt es wieder . . im Rauschen schwerer, schwarzer Flügel und dumpf wie Totensonntag blickt es über dir.

## Die Jugend

Das hat den Bann gelöst endlich, dies helle Lachen . . den Bann,

der wie ein grauer Regentag ob meinem Sommer hing, der wie ein Hilferuf aus fernen Tälern in das Lied klang, das ich singen wollte, und meiner Freude ihre Kraft nahm, sich zu Frucht zu reifen . .

noch hör ichs durch den stillen Eichwald klingen . .

so hell und silbern, wie wenn Neck-Elfen einen Wanderer abgelockt durch Tann und Unterholz auf ihre Wiese und im Gesträuch verrinnend ihn verlachen, wie er dasteht und mit verdutzten Händen in die leere Luft greift . .

Noch hör ich so dein Lachen, hell und silbern, den stillen Weg entlang, und seh dein Rosakleid hinleuchten durch die Bäume . .

Ich will dir nach . . und will dich halten . . bleib doch ! bleib ! . . und steht vor einem Busch glutroter Rosen . . und plötzlich fällt's wie dunkle Träume von mir ab . . und über meinen Lippen klingt mit hellem Jubel das Lied, nach dem ich suchte . .

das selige Lied der Freude !

## Errungenschaft

Nun trank ich alle Schalen der Freude, mit denen das Leben erquicken kann ; doch jede leerte sich mit einem bittern Rest und keine einzige möcht ich noch einmal trinken..

nicht die der Jugend mehr, nicht die der Liebe, ja selbst die goldene des Ruhms nicht mehr.

Das aber möcht ich wohl :

so frei und aufrecht und so froh und heiter hingehen können durch die lauten Straßen und durch das bunte Marktgedräng des Lebens,

dass weder Groll noch Neid mich mehr beirrt, wenn Andern . . lachend . . kampflos in den Schoß fällt, um was ich Jahre lang die beste Kraft verblutet ! . . .

Noch kann ich's nicht . . so, wie ich möchte ! ich werd es aber können !

## Sonnentage

Einzig schöne Tage,
Sonnentage der Seele ..

da sie stille liegt in wunschlosem Traum, wie der Märchensee hoch oben in stiller Schwarzwaldberge grüner Einsamkeit !


Keine Welle kräuselt seinen klaren Spiegel ..

nur wenn eine weiße Wasserrose in froher Sonnensehnsucht sich aus seiner Tiefe hebt

oder wenn ein kleiner Vogel, ein Liedchen zwitschernd, über ihn streift, mit leichtem Flügel

oder ein braunes Reh aus den Tannen tritt, an ihm zu trinken.

## Der stille Garten

Dort, an der Mauer um den stillen Garten . . ich möchte stundenlang da stehen und die langen Baumgänge hinuntersehen . .

Welkes Land liegt auf dem Boden und welkes Laub hängt an den Bäumen, im Schimmer einer fernen, stillen Sonne . .

ich hab es immer nur so gesehen : . . in sturmlos hellem klarem Herbst . . und könnte mir auch kaum recht denken, wie es hier anders werden sollte oder was ein Frühling hier wollte.


Ganz unten nur, wie durch offene Tore sieht man in ferne mittaghelle Weiten mit sonnbeschienenen Hügeln und Tälern, Flüssen und Seen und kleinen Dörfern . .

und wenn da Menschen wohnen,

dann müssen sie offene Tore für große stille Augen halten . . und wenn sie sind, wie Menschen sind, dann mein ich, müssten sie froh und ruhig werden, wenn sie heraufsehen.

# Der Künstler

Oben auf dem breiten Gesims eines Bodenfensters saß er . . mit langen braunen Locken.

Sein feines Gesicht war krankhaft blass, seine Brust atmete schwer und langsam, aber seine Augen flammten in blitzendem Feuer, als strahlten sie die Abendlichter zurück, die durch die stillen Wipfelkronen der Eichen flimmerten, die das Haus umstanden.

Er hatte einen Strohhalm in der Hand und tauchte ihn dann und wann in ein kleines Kristallglas voll purpurroten Schaums, das auf dem Gesims neben ihm stand, und blies prächtige Seifenblasen in die Luft. Immer größer und schöner. Und wie Gold und Purpur leuchtend trieben sie die Gärten hinab, zwischen die ärmlichen, niedrigen Dorfhütten hinein.

Unter dem roten Schaum in seinem Glas jedoch pulsierte, langsam und immer langsamer, ein leise zuckendes Herz.

Drüben über dem Gartenzaun stand ein Haufe Kinder, der sich nach und nach zusammengefunden hatte, ihm zuzusehen und schrie und lärmte zu dem stillen, einsamen

Knaben empor und klatschte in die Hände über das schöne Seifenblasenspiel, das er ihnen vormachte :

„Noch mehr, noch mehr !"

Wenn eine davon jedoch zu schwer geraten war und niedersank, so kletterten sie auf den Zaun und schlugen nach ihr und freuten sich, wie sie zerplatzte.

Die Sonne aber sank tiefer und tiefer und die blitzenden Augen des Knaben oben erloschen in gleicher Weise mit der Sonne. Zuletzt blieb nur noch ein einziger Strahl an dem Glas haften. Wie Golddampf leuchtete es daraus auf und ein zitterndes Purpurwölkchen zerkräuselte sich in der Luft, während die Kinder über dem Straßenzaun drüben johlend in die Hände klatschten . .

nur durch die Kronen der alten Eichen schauerte ein heimlicher Windstoß.

. . . . . . . . . . . . . . . . . . . . . . . . . . . . . . . . .

„Seife hätt's auch getan !" meinte der Totengräber am anderen Tag, „und er wäre dann noch am Leben !"

„Seife hätt's auch getan !"

## Tagebuchblätter

Jauchze mein Herz und trinke dich satt an dieser Tage goldener Sonne, an dieser Farben köstlicher Freude, an dieser Ruhe voll schaffender Kraft . .

jauchze mein Herz,

und trinke dich satt.


Es wird gar bald ein Winter wieder kommen müdemachend und arm und alt, mit spätem Tag und langem Abend . . ein Winter, da du froh sein wirst, ein bisschen Sonne von früher zu haben.

## II

Ich sitze am Fenster und blicke auf die Dächer . . und über dem Dächergewirr in der Tiefe des herbsthellen Himmels kreist ein Flug von weißen Tauben, langsam in die Ferne versinkend . .

und wo sie niederfliegen, da denk ich mir in weiten Frühlingsgärten ein weißes stilles Haus, mit Säulen und Giebeln,

und in der Halle auf dem Hochaltar zwischen roten blühenden Rosen

ein schartiges, narbiges Schwert.

❋

## III

Lege das Ohr an die Erde

und höre . .

und du wirst Hufgestampf hören, in weiter Ferne nur,

aber näher und näher kommend.

Es ist die Zukunft

auf lichtweißen Pferden . .

eine goldene Krone im blauen Banner . .

die Krone des Menschen und seines Siegs und seines

Königtums !

Raffe dich auf aus deinem Alltag und gürte das

Schwert um deine Lenden und kämpfe ihr entgegen . .

denn

noch ist . . K a m p f e s z e i t .

## IV

Nicht bei Seite sehen,

nicht drum rum gehen und ausweichen, nicht darüber hinwegträumen . . .

Stand halten,

Aug in Auge seine Kraft erproben, und Herr drüber werden !

## V

Und plötzlich fällt es wie graue Nebel von deinem Tag und nackt und nüchtern starrt es dir entgegen :

es war nur Täuschung ! es war nur Selbstbetrug, wenn du dir vorgeredet, das sei, was du wollest und was in deine Tiefen dich erfülle :

dieses Der-blossen-Pflicht-Genügen,

dieses Spiel :

dich selber unter's Joch zu zwingen . . wie lange du so stark wärst, es zu tragen ? !

Es war nur Täuschung . . keine Tat !

❉

## VI

Lass sterben, was sterben will, und schleppe dich nicht müde mit ihm. Du zwingst es doch nicht mehr zum Leben und zu der frohen Freude eines Sommers. Es hat die Kraft nicht mehr, dein Mitleid, deine Liebe dir zu danken und zerrt dich selber nur in seinen Herbst.

Lass sterben drum, was sterben will . . und ohne Klage !

## VII

Neu anfangen zu können . .

ein einziges Mal wenigstens . .

nicht aufzuräumen haben . . weglegen und lassen dürfen, was nicht fertig wurde . .

einen Abschnitt machen können . . . bis auf den Grund . . ein Meer zwischen gestern und heute bringen . .

ein einziges Mal wenigstens . . ein Neuer sein dürfen . .

das ist's . . was einen hinübertreibt über die Wasser !

dieser große stille Morgenwunsch jedes neuen Tages, jedes neuen Jahres . . mit seinem schönen Mutigwerden !

Mit dünnen spinnigen Armen aber greift es herüber schattenhaft, schadenfroh

und kettet jedes Heute mit hundert kleinen Zetteleien an Gestern und saugt sich herzblutgierig an ihm fest und lähmt ihm gleich das Beste wieder, das es hat : den frohen Mut, neu anzufangen . .

ein einziges Mal, n e u   a n z u f a n g e n !

## VIII

Die Dichter, das sind die großen Träumer
ihres Volkes . .

    die Träumer seiner Sehnsucht !


## IX

Schon dämmert der Morgen über die stillen Häuser
herauf, mit blauem Schimmer sie umspinnend . .

    beinahe feindselig blendet meine Lampe mit rotgelb-
grellem Licht ihm entgegen.

Ich sitze noch und schreibe . .

    doch immer langsamer und schwerer und stockender
wird meine Hand . .

    und es ist, als rücke Alles immer weiter von mir ab . .
Tisch und Schreibereien . . und als sänke ich selber nach,
immer tiefer und tiefer . . .

Da löst ein Schatten sich aus den Gardinen und beugt sich über mich :

Es ist genug ! komm, du bist müde ! Es ist Zeit, müde zu sein : Geh zur Ruh ! komm ! und lass auch der Nacht ihr Recht und mir !

Und die Bilder an den Wänden nicken mir zu und lächeln und aus einem Strauß verwelkten Heidekrautes klingt es leise :

Geh ! geh ! . . . und träume . . von einem Wald im Abendrot, am rauschenden See, draußen, in weiter Sommereinsamkeit, und von einem Kinde mit dem du mich pflücktest . .

Geh ! geh!

schlafe . . träume !

und lass auch der Nacht ihr Recht !

# X

Wie das erfrischt und Ross und Reiter fröhlich und gelenkig hält : der eigenen Behaglichkeit zum Trotz sich einmal etwas zuzumuten . .

eine Nacht durch . . ob nun Mondschein oder Regen . .

und nur :

zu sehen, ob man seinen Willen kann, sich und dem Pferde gegenüber, und ob es nicht versagte, käm's darauf an . .

und mit der Sonne dann querein durch Wald und Heide, und von der Höhe aus : Rundschau zu halten über seine Welt !

## XI

Ihr blickt so müde, so abgesorgt und freudlos ! . .

Seid jung . . und froh !

wir müssen jung sein, wenn wir siegen wollen und froh

und stark ! und der Tag darf uns nicht müde machen !

Jugend tut not ! und Freude !

der ganzen Zeit, der ganzen Welt !

Ach ! . . und nur Jugend

und nur Freude

siegt !


## XII

Unter blühenden Rosen ruhe das Schwert . . . Frohe

Menschen gilt 's zu sein ! und wer 's nicht ist, der eile,

eile, es zu werden . .

Freude allein ist Erlösung !

## XIII

Und wenn ihr logt und . . ,nur so sagtet' . . dann logt ihr eben ! meinetwegen ! . . Ich halte mich an eure Worte, ob sie von Herzen kamen oder nicht.

Im übrigen

wird es wohl sein, wie immer : ein bisschen Wahrheit und ein bisschen Lüge, in liebenswürdig buntem Durcheinander, ganz ehrlich Beides und ganz gut gemeint . .

und meist wohl nur, weil wir nun nie daran gewöhnt, uns wirklich klar zu werden . .

vielleicht auch weil wir nicht gern kränken wollen . .

im Allgemeinen aber, weils uns . . Hand aufs Herz ! im letzten Grund doch herzlich Wurst ist, ob Einer sich nach links ausfindet, ob nach rechts, wenn wir nur höflich waren gegen ihn !

Oder . . sollte es am Ende . . doch so was wie weiße Raben geben ? !

## XIV

Ich war so glücklich ! . . und nun ist alles wieder verschüttet unter trübseligem Nebel

das ganze bisschen Sonnenschein,

das ganze bisschen Frühlingsfrohheit, das sich herausgewagt nach so langem Frost . .

weg ! erstickt ! erwürgt !

Sieh, solche Macht hast du über meine Seele . .

mit einem einzigen Wort sie zurückzustürzen in Verzagtheit . . mit einem einzigen Wort ihr ganzes frohes Keimenwollen auf lange Tage wieder zu binden !

Ich weiß, es schmerzt dich selbst nun und du würdest's gerne ungeschehen machen . .

Aber gräme dich jetzt nicht noch darum !

Es war ja nur, dass ich mich darauf gefreut, dir ein paar . . Blumen zu bringen

und nun . . nun . . hab ich eben keine.

❊

## XV

Hab Dank, du mein liebes Rad du!
Du hast mir geholfen, mich hinaus zu finden wieder
aus der Enge der Häuser und der Straßen..

du hast mir geholfen, vor all der Frack- und Zylinder-
Feierlichkeit los zu kommen..

du hast mir geholfen, mich an mir selbst zu freuen
wieder und froh zu werden!


Und nicht bloß mir!

der ganzen Zeit!

hab Dank!

Du hast ihr eine neue Freude gegeben..

und ein Stückchen Freiheit wieder, zu sich
und zur Natur zurück..

und hast ihr damit ein Stückchen Jugend wiederge-
bracht und Frohmut und Harmlosigkeit..

hab Dank!

## XVI

Das war nun wieder so ein toter Tag . .

Kopfweh vom frühen Morgen an und verstimmt und müde . .

mit jeder Post verdrießliche Briefe . .

Alles schal und abgestanden,

dumm und taub !

und draußen stickiger Dunst und dumpfer schwüler Regen . .

kein Blitz ! keine Kraft ! Alles schlaffe müde bleierne Gleichgültigkeit und Nörgelei !

# XVII

Fest auf der Erde steh mit beiden Füßen und lass dich
nicht verwirren von der Sehnsucht, die dich hinüberlocken will
in ihrer Dämmerung ewig leere Weiten . . fest auf der Erde
steht, die dich geboren : sie allein ist deine Heimat, aus ihr
allein quillt Kraft und Wille dir und Tat

und was du bist, bist du aus ihr !

Was willst du in den blauen Fernen drüben, in die dein
Traum sich Paradiese baut und goldener Seligkeiten schim-
mernde Paläste ? ! . . wenn du den dunklen Weg dazu erfüllt,
du stündest doch nur vor der Antwort wieder, der du geglaubt
entfliehen zu können !

Drum bleib und steht und wohne dich zurecht auf
deiner Erde und in ihre Grenzen, du hast in langem hartem
Kampf sie dir erworben . . und träume nicht das Beste, das du
ihr verdankst, hinaus ins Leere . .

Hier auf der festen Erde ist dein Platz

und hier sei auch dein Sieg !

# XVIII

Ganz in der Ferne dröhnt ein Bahnzug, hohl und hart . .

nun ist er vorüber . . und es ist wieder nur das leise Surren der Nacht umher . .

Graue Wolken stehen um den Mond . . schwer und massig . .

und wieder schnauft ein Bahnzug in die Weite

und ich denke an die Menschen darin, die so in die Nacht hinausfahren.

## XIX

Das ist nicht Sommer mehr, das ist September . .
Herbst :

diese großen weichen Wolken am Himmel, diese fei-
nen weißen Spinnwebschleier in der Ferne und hinter den
Gärten mit den Sonnenblumen der ringelnde Rauch aufglim-
mender Krautfeuer . .

und diese süße weiche Müdigkeit und diese frohe ruhi-
ge Stille überall und trotzdem wieder diese frische, satte,
erntefreudige, herbe Kraft . .

das ist nicht Sommer . . das ist Herbst.

## XX

Ich möchte einmal ein Buch schreiben, ein kleines, frohes Buch ..

das ich aber nur denen geben möchte, die es lieben haben würden und die mit ihm froh sein könnten ..

ein kleines, kleines Buch, in dem nur stünde : wie schön der Sonnenschein über dem Garten draußen am See, mit den blühenden Rosen .. und wie schön das Lied der Vögel in den schattigen Baumwipfeln und wie schön der blaue Himmel über dem Allem und seine weißen Wolken .. denn ich bin ja selber nur ein Stückchen Garten, Wald und See .. über dem die Sonne flimmert, über dem die Vögel singen, über dem die Wolken ziehn . . .

Sie müssten es dann aber um sich haben wollen, wie man Kinder um sich hat .. die ganz still in einer Ecke sitzen und sich kaum rühren ..

Man kann nicht immer mit ihnen spielen .. aber man weiß, dass sie aus ihrem Ofenwinkel herüber horchen, mit leuchtenden Augen, und mitdenken und mitfühlen bei Allem, was man tut, voll neugieriger Heimlichkeit . . still und lieb traulich . . .

So müssten sie es um sich haben wollen !

# Mönchguter Skizzenbuch

Aus den Jahren
1894 und 1897

# Am Fenster

Oben, unterm Dach, bei den Schwalben, klein und niedrig . . ein Tisch, ein Stuhl, ein Bett . .

aber den ganzen Tag voll Sonnenschein und blauem Himmel und Schwalbenzwitschern . .

und draußen das Meer mit dem leisen Rauschen seiner Wellen den wunderbarer Bogen des Lobber Strands entlang . . weiß . . grün . . blau und immer blauer sich zum Horizont aufwölbend . .

und das Land mit seinen Höfen und Buchten bis in die heimlichste Falte seines Herzens hinein sonnenoffen . .

Und ich träume hinaus in den goldenen Tag und auf weißen Möwenflügeln wiegt sich meine, Seele durch die schimmernde Luft . . über Wasser Berg und Wald und Wiese

und keine Uhr mahnt an die verrinnende Stunde . . keine Sorge . . kein Wunsch . . kein Verlangen . . .

Alles ist Sonnenschein, blauer Himmel, Schwalbenlied und Wellenrauschen.

## Im Kahn

Schaukelt weiter mich, ihr Wellen ! . . schaukelt weiter mich, ihr Winde . . durch die wunderbare Ruhe dieser lichten Einsamkeit . . leise, leise wiegt mich weiter

in die Ferne

zu den stillen, weißen Wolken, die den Horizont um-klimmen . .

Tragt mich fort, wohin ihr wollt !

Immer mehr versinkt die Küste mit dem Strand und mit den Bergen . . Alles wird zu blauem Glanz . .

Selig lieg ich auf dem Rücken, horche auf die Ammen-lieder, die mir Wind und Wellen singen . . falte langsam meine Hände . . schließe lächelnd meine Augen und verträume in den Himmel,

wie ein Kind in stiller Wiege . .

Meine Mutter ist die Sonne . . .

. . . . . . . . . . . . . . . . . . . . . .

meine Mutter ist die Sonne

und ich weiß, sie hat mich lieb !

## Die Mühle

Steigende Abendwolken . . blei-grau-blau-schwer . . wie
ferne Alpen sich auftürmend . .

die sinkende Sonne dahinter, die Ränder mit blenden-
dem Gold umkantend . .

auf der Hügelhöhe mitten im glühenden Feuer es
Abendrots eine Mühle,

langsam die Flügel drehend,

als schaufle sie der Sonne rinnend Gold in ihre Tenne.

## Sonne, Wind und Welle

Im warmen Sande lieg ich

    nackt

und brenne in der Sonne . .

und wie mit sammetweichen Tüchern flaggt der Wind
mir über die gelösten Glieder.

Ich höre auf das Lied der Wellen nebenan und langsam
fallen mir die Augen zu und gold- und purpurfarbene Wolken
sinken auf mich nieder . . .

Ich bin nicht Mensch mehr . . will nicht Mensch mehr
sein . .

ich bin nur Sonne, Wind und Welle . .

ein flüchtiger Zusammenklang von Tönen . .

und wenn der Tag verrinnt am weißen Strande, ver-
klinge ich zu neuem Lied, wie Sonne, Wind und Welle, leidlos,
wunschlos in die blaue Nacht.

# Briefblatt

Es lohnt sich nicht, die Welt erlösen zu wollen ! . . und weiß Gott ! es lohnt sich nicht . . und dann . . dann . . mag ich auch die Narrenkappe nicht, die dazu nötig und auch das Schellenklappern passt mir nicht . . .

Still im grünen Walde will ich gehen, still am weißen Strande will ich sitzen und auf Sonne, Wind und Welle lauschen und den Wolken zusehn, die am Himmel spielen . .

und die Märchen, die sie mir erzählen, will ich nur den Kindern bringen, die da drüben in den Dünen und im weißen Sand sich tummeln

und vielleicht noch ein paar Großen, die gleich ihnen und gleich mir

still am Strande spielen können und auf Wind und Welle lauschen

kinderselig, sonnenfroh !

## Eines Abends ...

In weiter wellenloser Stille liegt das Meer . .
Der Leuchtturm der Oie nur flimmert mit rotem Licht
durch die blaue Dämmerung . .

Wie Kinderspielzeug stehen die Fischerhütten mit ih-
ren Moosdächern in der Hügelmulde . .

Ein Windstoß rauscht durch die Nordperd-Eichen, tief
wie das Ausatmen des einschlafenden Tages . .

Holzschuhe klappern die Dorfstraße hinab. Ich seh es
nicht, ich hör es nur . .

Am Südstrand unten flackern ein paar Laternen auf . .

Nun weint irgendwo ein kleines Kind, wie keine Kin-
der weinen, weh, wimmernd, ins Herz schneidend . .

und plötzlich schlägt ein Klavier an, ganz in der Nähe,
und eine weiche Mädchenstimme fällt ein . . . „sturmgeprüfter,
müder Wandersmann . . . Behüt dich Gott, es wär so schön
gewesen . . . . . ."

Ein halbwüchsiger Junge am Zaun pfeift mit . . grell
und falsch . .

Und doch :

ich bleibe einen Augenblick stehen und blicke zurück :

Wie ein Wetterleuchten zuckt es in der Ferne und ich sehe die Straße, die ich herkam, bis sie sich in Wälder und Berge verliert . .

Dort war es, ja, dort hinten, wo es aufleuchtet. Aber es ist zu weit, als dass man noch etwas erkennen könnte. Man müsste sonst ein Schloß aufragen sehen und eine Wallfahrtkirche auf dem Berge und die Mühlenweiher vorm Schwedentor und das kleine Haus überm Graben und einen Garten mit hochblühendem Flieder und Rosen . .

und einen Jungen und ein Mädel . . einen Jungen, der Verse machte und ein Mädel, das schwarzbraune Augen hatte !

und in der Haustüre das kleine Schwesterchen . . „die Mutter kommt ! die Mutter kommt ! rasch !" . . .

Im Hof drüben bellt ein Hund . .

und über den Berg herauf wie damals kommt der Mond, langsam, feierlich und . . guckt und

. . lächelt.

## Die Malerin

So seh ich dich sitzen : im hellen Kleid, die grüne Jacke lose offen, die weiße Mütze auf dem braunen Haar . .

nicht mehr zu jung . .

hochrot im sonnverbrannten Gesichtchen . .

mitten zwischen Strandkörben und lärmenden Kindern am Brückensteg.

Ich stehe hinter dir, mit fremden Andern und sehe zu, wie du mit flinker Hand die feinen Pinsel führst und leicht und launig ein ganz allerliebstes Bildchen auf die Leinewand bringst . .

Du merkst es nicht . .

vielleicht, dass du es fühlst, da deine Hand mitunter leise zuckt, als wolltest Pinsel und Palette du bei Seite werfen . .

dann aber geh ich, denn am Ende könntest du dich plötzlich umdrehn : was ich wolle ? ! . .

und . . ich verstehe wirklich nichts von . .

Malerei !

# Heddy

„Das ist die Sehsucht
der großen Einsamkeit des Meers!"

Und doch . .
man müsste hier zu zweit sein, nicht allein ! . . man müsste jemand haben, dem man sagen könnte: wie wunderbar das Alles . . das waldige Höft, das buchtige Land, das blaue Meer rundum und diese großen einfachen Linien, diese ruhigen freien Formen und dieser wunschlos tiefe heitere Frieden überall . .

und wie prächtig es ist, wenn die Wellen so ange-rauscht kommen, mit langen weißen Kämmen und sich über den Sand werfen und zerschäumen, mit immer neuer Luft, sich zu zersprudeln . .

jemand, mit dem man den Strand hinginge, Muscheln suchen, und die stillen Wege durch den Wald . .

jemand, dem man die Hand drücken könnte : ist das nicht . . schön ? ist das nicht den Menschen selber groß machend, befreiend und erlösend . . ist das nicht etwas, das ihm alle eigene Weisheit niemals geben wird ! . .

jemand, mit dem man dann auch schweigen könnte, schweigend sitzen und hinausträumen . . auf dem schaukelnden Nachen aufwallender Sehnsucht ! . .

Und wenn es Abend wird und all die Boote draußen heimwärts in den Hafen suchen und wenn der rote Schein erlischt und aus dem Wald drüben die Schatten kommen und Alles sich fester hüllt in seine Mäntel . .

dann sollte man jemand haben, den man lieb hätte und sollte nicht so allein heimgehen müssen !

## Phantasie

Nimm dich in Acht : du kannst nicht schlafen, wenn du Nachts am Strande warst . .

es lockt und lauert um dich her mit seltsam irren Rufen und lacht und schluchzt und schleicht und stürzt dir in die Brust und reißt die Dämme nieder, hinter die der Tag die heiße Sehnsucht deiner Seele bannt . . .

Und schwarze Wellen tosen dann durch deinen Traum, mit dumpfem Rütteln an den Brückenstegen . . erloschene Sterne hängen am Himmel, wie Totenlarven, bleich, gespenstisch, und glühende Wolken flammen durch die Luft . .

und durch die schwarzen Wogen treibt ein Boot, hochauf und nieder . . weiß wie Schnee, mit weißen Segeln . . und an dem Steuer in weißem wallendem Gewande lehnt eine Frau

und singt ein Kinderliedchen in die Nacht, als könne sie dem Sturm damit gebieten . . .

Und immer hohler geht die See und immer höher tost die Brandung . .

du aber stehst, in sinnlos wirrer Angst, und rufst und flehst und schreist, doch deine Stimme hat keinen Ton . .

du ringst dich los und rennst und stößt ein Boot ins Wasser . . und plötzlich . .

reckt es sich empor . . . wie hundert Hände und wild-auflachend schlagen die Wogen

über dir zusammen.

## Die Fischerhütten

Fest wie aus Eisen stehn die Fischerhütten in der dunkeln
Nacht, die Hügelhöhen entlang . .

und machtlos prallt der Sturm an ihnen ab . . Gleich
großen, mächtigen Fittichen breiten
sie die strohgedeckten übermoosten Dächer schützend über
den stillen Herd . .

traulich, treu und trotzig . .

und froh und freundlich leuchten ihre Giebelfenster in
die Straßen . . ‚Seid unbesorgt ! wir halten gute Wacht !‘

Nur auf den Städter, der des Weges kommt, sehn sie
voll Misstrauen und voll Argwohn . . . feindselig drohend fast,
als schliche sich was Fremdes mit ihm ein, das . . den Frieden
des stillen Herdes stören könne, den sie schirmen . .

und sich zu einem Sturm aufheben, dem auch sie nicht
mehr gewachsen.

## Der Scheinwerfer

Sei auf der Hut, bei Nacht, . . wenn du im Dunkeln tappst, am Brückensteg, und arglos deinen Arm legst um die Liebste und sie mit süßem Kusse an dich ziehst . .

sei auf der Hut : die dunkeln Nächte am dunkeln Strandsteg haben tausend Augen und gönnen euer Glück nicht ihr noch dir !

Und wähnt ihr noch so sicher euch . . . ganz in der Ferne, draußen auf den Wassern lauert was . . von Menschen her . . mit kaltem weißem Licht . . taghell aufleuchtend plötzlich !

und trifft es euch mit seinem jähen Schein, wenn ihr in kinderseliger Wonne aneinanderhängt . .

dann ists vorbei :

mit tausend Fingern zeigt es aus dem Dunkel und kichert hämisch eure Liebe tot.

# Auf der Wiese

Neben den Weiden, mitten auf der weiten grünen Wiese
liegen wir . . in leise wehendem Gras . . Hand in Hand
du und ich
und träumen in die mittagstille flimmrige Luft.

Schwalben zwitschern über uns hin . . ganz tief und
zutraulich . . wir könnten sie greifen . . wit, wit . . wit ! und wir
freuen uns, wie flink und beweglich sie durcheinanderschießen
und hoch oben wieder sekundenlang ganz still liegen mit breit
ausgespannten Flügelchen und sich vom Winde tragen lassen. .
wie sie das nur so können ! . .

Und wir möchten Schwalben sein . . so klein und leicht
und zierlich !
Angstvolles Schreien plötzlich und alle sind spurlos
verschwunden . .
ein Wiesenweih stößt durch die Luft.

Wir sehen ihm nach und träumen . . . weiter . . zu den
weißen Wolken hinauf und gucken zu, wie sie sich in einander

verspinnen und verrinnen und lösen und verfließen . . und wie andere, noch höher, über sie dahintreiben . . ganz rund und ballig . .

und wundern uns, dass auch nicht einmal eine davon herunterfällt . . .

## „Auf morgen!"

Nun dämmert langsam sich der Tag zur Nacht und aus der Tiefe flimmern die ersten Sterne und über die stillen Wasser klingt ein Traum . . .

Wir haben zusammen Rosen gepflückt, wir haben gelacht und haben gesungen, und als es regnete, saßen wir ganz eng in einer Waldhüterhütte . .

wir haben uns unser Leben erzählt, Frohes und Trübes, und haben im Sand dann zusammen gespielt, eine Burg uns gebaut mit Wall und Graben

und Alles, Alles zusammen gehabt, den ganzen Tag . . . den ganzen Tag !

Und nun, da's dämmert und die Nacht heraufkommt . .

nun gehen wir noch bis zum Garten oben und geben leise uns die Hand :

„Auf morgen !"

und du biegst nach rechts und ich biege nach links . . du träumst von mir . . ich träume von dir . . und nach ein paar Schritten bleiben wir stehn, als müssten wir uns noch etwas sagen . .

etwas,

schöner,

als alle Rosen und als der ganze schöne Tag . .

und  wissen doch nichts anderes dann, als noch einmal

. . ganz laut : ‚Auf morgen !'

# Tandaradei

und ein kleines vogellin,
tandaradei !
daz mac wol getriuwe sin !

Walter.

Komm, komm !
wir wollen den Kuckuck fragen im Wald, der weiß es . .

und mit den goldenen Ringeln spielen im Farrenkraut. Aus den großen machen wir uns Kronen und die kleinen, die steck ich dir alle an die kleinen süßen Finger . .

und dann wollen wir dem Sonnenscheinchen nachgehen, das dort mit den Rosen kichert . . es soll uns den Weg zeigen . .

und hinter den Föhren im roten Heidekraut huscheln wir uns zusammen, ganz eng und still . .

und lachen die alte Waldfrau aus, die uns suchen will . .

und die blauen Glockenblumen läuten uns zur Hochzeit . . .


Niemand weiß es . . nur der Kuckuck und die blauen Glockenblumen und die sagens niemand !

## Nachtklänge

Tieftiefste Ruhe rings . .

nur das gleichtönige, einsamstille Zirren und Zirpen der Grillen, die ganze Nacht in süßes, sehnsüchtiges Zittern und Singen auflösend . . .

und plötzlich, vom Dorf herüber, die gellen Klänge eines Sonntagstanzes, hell und heiser, nur den Takt gebend, und zwischenhindurch das Schlurren und Schleifen der Tanzenden

Ich hatte ein Lied im Sinn von waldnachtstillen, träumerischen Mädchenaugen, von erster Liebe scheusehnsüchtigem Zagen . .

und plötzlich schmiegen weiche weiße Arme sich mir um den Hals und brennende Lippen drängen mir entgegen und Alles wogt mit laut aufrauschenden Fanfaren über mir zusammen

und in blaugoldenen Blitzen verzuckt die Nacht sich zu den stillen Sternen.

## Die Spinne

Halb gedankenlos überstreue ich eine Spinne mit Sand
und sehe zu, wie sie sich herausarbeitet

und wie sie immer wieder zurück fällt, weil der leichte
Sand unter ihr abrollt . . .

Armes Tierchen ! . . . . .

,Schicksal ? !'

## Das alte Fräulein

Einen braunwollenen Umhang über dem zerknitterten, großmustrigen Kattunkleid kauert sie am Fenster und blickt auf die Waldwipfel und auf das Meer in der Ferne . . fast unbeweglich . .

Ein scharfes, mageres, versorgtes Gesicht mit harten, stechenden Augen, wie Menschen haben, die sie nicht schließen dürfen, wenn sie müde sind . . und doch wieder so voll Glück, so kindlich dankbar froh und freudestrahlend, als ob es die Erfüllung langer Jahre, die endliche Verwirklichung eines Lebenswunsches, dass sie hier sitze : die grünen Wipfel vor dem Fenster und das blaue Meer . .

den altmodischen Strohhut mit Bindebändern über das windzerzauste, angegraute Haar herabgekrämpt und in der verarbeiteten trockenen Hand ein lächerliches Zwitterding von Arbeitsbeutel und Reisetasche, wie aus Großmutters Zeiten . .

Nach einer Weile zieht sie langsam die Uhr . . ein kleine silberne Uhr an geflochtenen Seidenschnürchen . .

und plötzlich werden ihre Augen tieftraurig . . als ob mit einem Mal Alles, was hinter das Meer versunken lag, mit der kleinen Uhr vor sie träte ; Alles, was sie so gemacht, wie sie ist, hart und grau . .

Kopfschüttelnd kapselt sie das Gehäuse auf, sieht in das Werk, zieht die Hutnadel und tippt an den Räderchen herum . . .

. . . . . . . . . . . . . . . . . . . . . . . . . . . . . . . . . . . . . . . . . .

Immer wieder steht die Viertelstunde vor mir :

Die große Freude . . diese kleine Uhr . . die Hutnadel mit dem schwarzen Glasknopf . . und dieses tiefe, stille Leid plötzlich . . mitten in der Erfüllung eines Lebens.

# Postkarte

Vormittag. Ein paar weiße Wolken leuchten am Himmel, langsam weiterziehend . .

Von den Sandburgen am Strand flattern die bunten Fahnen und zwischen Sitzkörben und Land gezogenen kleinen Booten spielen Kinder . .

Auf dem Badesteg stehen ein paar Männer, die weißen Laken um . . vom Dorf oben überm Wald kräht ein Hahn . .

und dann und wann sirrt ein Windstoß durch das Dünengras . .

Ich sitze am Hang und sehe einem Marienkäferchen zu, das an mir herauf klettert . . Marienkäferchen sollen Glück bringen . . und freue mich . . über das schöne Wetter und über die schöne Welt ringsum . . und freue mich, dass ich mich an all dem noch so freuen kann . .

und auf einmal fällt mir ein, dass im Literaturkalender gegen zehntausend lebende deutsche Dichter stehen und solche, die es werden wollten,

und ich rechne, wie viel es ungefähr gäbe, wenn jeder täglich ein Gedicht machte . . .

Gott segne unsere braven Verleger !

## Das Meer

So hab ich das Meer gern :
weit offen, spiegelhell zum Horizont, in hängende Wolken sich verrinnend . .

 die Sonne hinter feinen leisen Schleiern und Luft und See in blassblau-lichtem Schein und Schiller . .

 schwermütig ernst und lachend heiter,

 zutraulich lieb und unnahbar,

 in unbekümmert freier Größe . . und nie entweihter Ewigkeit . . lautlos . . in unlotbaren Tiefen die Wunder hütend seiner Gotteskraft . .

 und Strand entlang mit frohen Wellen spielend,

 schwermütig ernst und lachend heiter,

 den Menschenkindern, die da stehen, das kleine Herz voll großer Sehnsucht, bunte Köstlichkeiten vor die Füße tragend . . .

 So . . sei !
 So . . schaffe !

# Im Sand

Und wieder lieg ich
    nackt

im Sande . .

die Sonne glüht mir durch die Adern und ich freue mich der stillen Kraft, die mir die Glieder dehnt . .

und sehe den Quallen zu, die von den Wellen an den Strand getrieben werden . . . hilflose Dingerchen ! und jede doch ein Kunstwerk, wie es noch kein Künstler nachgeschaffen . . so klein und fein und so geheimnislos durchsichtig und in jeder Faser doch ein ungelöstes Wunder ! . . .

und . . träume

und gucke in den Himmel

und recke mich

und riesle mir Sand über die Brust

und lache laut, wie schön, wie köstlich es ist :

zu l e b e n !


Und dann

sitz ich auf einem Felssturz nebenan, die Kniee hochgezogen und sehe mir zu, mir selber, wie ich da liege und mich sonne . . neugierig, wie man irgend etwas Fremden . . Unbekanntem zusieht,

einer Pflanze,

einem Tier, das man so fände . .


Wie wunderbar doch eigentlich : dieses glatte, weiche, weiße Fleisch – eine Handvoll Sand und Erde !

und wie wunderbar, wie sich das so bildet und zu Leben wird und formt und wächst und reift . . immer aus der großen Erde heraus . . und immer dem Licht entgegen . . wie das kleinste Hälmchen wie der riesigste Baum !

und . . wie es sich bewegen kann . . und schreien und lachen, mit tausenderlei Sehnsucht, mit tausenderlei Willen, und daliegen wieder, lautlos still wie etwas Todes . . .

und wie stolz es dann, wenn es die Augen aufmacht, sich auf seine Füße stellt und die Arme reckt . . .

und wie klug es sich hat, dieses bisschen Leben, wie geschickt und sinnreich es sich überall anzupassen und Alles sich zu Nutz zu machen weiß . . .

über die Meere kann es schwimmen, über die Länder kann es laufen, zu den Sternen kann es reichen . .

wie ein kleiner Gott . . allmächtig, allwissend allsehend . .

und wie es dann doch wieder dasteht : furchtsam, hilf-los, blind, in zwergenhafter Winzigkeit und Ohnmacht . . nichts, als eine Handvoll Sand, die ein leichter Wind im nächsten Augenblick schon spurlos in den großen Sand verweht.

## Sünde

Wir hatten uns lieb und wir wussten es beide und der Strand lag still und abendeinsam . . . ein alter Fischer nur war um den Weg und flickte Netze . .

und wir sahen den Schwalben zu, wie sie hoch am Hang ihre Nester umflogen . .

und saßen am Feldrand und sahen in die Dämmerung und keines fand mehr, was zu sagen . . .

Und immer wundersamer wurden deine Augen und immer ungeduldiger zerrte der Wind dein blondes Haar auf und immer sehnsüchtiger ward unser Schweigen . . .

und wir hatten uns lieb und wussten Alles und wussten, dass es der letzte Tag für Monate war und vielleicht für immer und . . dass wir niemand etwas nähmen

und . . wir haben uns . . nicht geküsst !

War das nicht Sünde ?
war das nicht . . dumm ?

## Altes Lied

Das war der Wald und das der Weg und hier der Bach und da der Steg und dort die Bank und in den Eichenkronen träumt golden immer noch die Sonne und über die Dünen wie vor Jahren rauscht das Meer . . rauscht das Meer das alte stille Menschenleid von Lieb und Lassen . .

Und ich gehe und ich stehe und mir ist : ich sähe draußen, drüben, wo die Straße führt, einen Burschen ziehn des Weges, hügelab durch Stoppelfelder, hügelauf durch stille Wälder . . immer ferner, immer weiter in die abendrote Welt, und mir ist : ich hör es klingen, und mir ist, ich hör ihn singen . . und ich singe leise mit :

> Ein Röslein blüht im Garten,
> liebkost vom wandernden Wind . .
> ich bin nur ein armer Geselle
> und du bist ein Königskind ! . .

# Mittagsstille

Alles blau und mittagstill und einsam.

Ich liege in der Düne unter einer Fichte und sehe so ins Weite . .

Keine Seele rings ! . . nur am Brückenkopf in einem Kahn drei Mädchen . . alle drei in hellen Kleidern und mit weißen Mützchen.

Sie klettern herum und lachen, wie Mädchen lachen . . dann stoßen sie ab und rudern hinaus . . die in der Mitte immer stehend.

Ich schließe die Augen und höre auf das Klappen der Ruder . . man hört ja so weit an der See . .

Nun singen sie . . und . .

eine seltsame Sehnsucht überrinnt mich . . eine Sehnsucht wie nach Heimat, Kindertagen und Kinderlachen . . ein Gewirr von bunten flatternden Fahnen ist um mich her . .

Mädchen, Knaben, Maien tragend . .

und plötzlich seh ich meine Mutter . . auf dem kleinen Balkon nach der Straße . . hinter ihren Blumentöpfen . . so wie sie immer stand . . nach mir aussehend und mir zunickend, wenn ich wieder einmal in die Heimat kam . . mit dem weißen Haar, mit den großen guten Augen und mit den vielen, vielen Furchen im Gesicht . .

Ja, ja ! das weiße Haar und die vielen, vielen Furchen !.. und ich gäb sonst was darum, die alte Frau einmal hier haben zu können und ihr das Meer zu zeigen, das sie nie gesehen und immer doch so lieb hatte . . . so, so blau aber und so still und frei und heiter . .

das Meer, denk ich mir, müsste den Menschen gut machen, sagte sie immer . . . . .

O ! . . ich gäbe sonst was darum . . . .

und plötzlich . . bricht das singen auf dem Wasser drüben ab . . . . .

## Der Klügere

Da bist auch du ja wieder, alter Mond . .
und lachst

wie damals,

da du uns im Boot ertapptest, draußen auf den stillen
Wassern, und da wir uns ins Abendrot verirrt hätten . . wenn
du nicht plötzlich hinter uns gestanden . .

alter missgünstiger Gesell du !

ewig allein und einsam !


Freilich . .

so allein und einsam bin ich ja nun auch !

und wenn ichs recht bedenke,

möchte ich eigentlich nur : es könnte mir Alles auch so
. . Wurst sein, was auf dieser Welt vorgeht, wie dir . .

alter lieber, kluger Mond !

## Segelfahrt

Hei ! wie sich die Segel blähn . . und wie schön es in die Sonne hineingeht !

und wie der Wind sich in die Wellen wühlt !

und wie es aufschäumt und wogt und wirft und packt und zerrt und ringt und stöhnt !

das ist doch noch Kraft . . und Freude !

Und man möchte mittun, hei ! . . und Wind sein oder Welle . . .

und immer so mitten in die Sonne hinein !

## Spätsommerstimmung

In regungslosem Brüten schleiern Meer und Himmel, eintönig grau, wie blindgewordene Spiegel und regungslos dazwischen steht das Land.

Eine Menge Licht ist in der Luft ; ein Licht jedoch, das keine Schatten hat, gleichmäßig und zerteilt, so dass man kaum erkennt, obs Mittag oder Abend und wo die Sonne steht.

Die Oie hängt wie ein rötlich Wolkenbild im Dunst und ein paar Boote mit kupfergelben Segeln kriechen an ihr hin, gleich großen Motten, die an einer Fensterscheibe aufwärts wollen.

Nun taucht ein Dampfer aus der Tiefe und langhin ballt sein Rauch in runden dunkeln Wolken sich aufs Wasser.

Kein Laut, kein Ton ! Mit dumpfem Schlafe liegt der Sommer im Gelände und alles halb beklommen hält den Atem an, als müsse jeden Augenblick ein . . Klang, ein . . Ruf, ein . . Schrei dies Schweigen brechen.

Und plötzlich fallen große schwere Tropfen.

## So regnet sich langsam ein ...

So regnet es sich langsam ein
und immer kürzer wird der Tag und immer seltener der
Sonnenschein . .

Ich sah am Waldrand gestern ein paar Rosen stehn . .

gib mir die Hand und komm . . . wir wollen sie uns
pflücken gehn . .

Es werden wohl die letzten sein !

## Abendschatten

Hell und freudig blitzt die Sonne in den schönen Abend
.. ganz langsam aber und unmerklich immer tiefer in
die Dünen sinkend ..

und wie sie sinkt, sinkt aus dem Eichwald auch der
Schatten .. immer tiefer den Hang herab und drängt sich Spur
um Spur über den weißen Strand ihr nach.


Den Hut im Schoße sitzt ein Mädchen zwischen dem
Gestein, um das die Wellen sich wie flüssiger Smaragd
zerrieseln, und träumt aufs Meer ..

vielleicht

dem weißen Dampfer nach, der draußen den Horizont
hinuntersinkt, langsam und unmerklich, wie hinter ihr vom
Eichwald her der Schatten immer näher rückt und näher.


Noch liegt die Sonne hell und leuchtend über ihr ..

schon aber grenzt sich eine graue Linie den Stein hin-
auf und greift ihr Kleid und fasst ihren Gürtel und kriecht sich
in die Falten ihrer weißen Bluse . . leise, heimlich, immer
höher, immer grauer ..

Sie doch sitzt und träumt . . .

Sekundenlang noch zittert ein Sonnenflimmer

um ihr braunes Haar, dass es wie Gold aufglänzt . . .

ein leis wehmütiges Erlöschen dann

und sie ist ganz im Schatten, wie der ganze Strand . . .

nur auf den Wellen draußen glastet noch ein roter

Schein.

# Nordoststurm

Nordoststurm tobt ums Haus. Es kracht in allen Fugen und das Meer drüben brandet, dass wir es bis in unser kleines Stübchen hereinhören.

Wir sitzen im Sofawinkel vor einem Strauß Heidekraut, den wir in Wind und Regen gestern dem sterbenwollenden Sommer draußen stahlen, und zitternd und frierend birgst du dich an meine Brust, wie ein furchtsam sturmverflogenes Vögelchen, das nicht mehr mitfand über das weite Meer . .

„O ! und es ist noch nicht einmal recht Herbst ! und bis es wieder Frühling wird . . mein Gott ! . . "

. . muss ich nun eben deine Heimat sein ! . . .

\*

Wenn . . du willst ? . . o ja ! o . . ja !

aber . . weißt du :

du musst dann viel, viel Sonne haben und Gärten und Wiesen mit Rosen und mit Schmetterlingen und einen großen grünen Wald, wo niemand sonst drin spielen darf, nur ich und du und die braunen Rehe und die Glockenblumenelfen . .

und immer, immer muss die Sonne scheinen, weißt du
. . denn ich bin ja so ein ganz klein Ding und so keine Dinger
wie ich, brauchen viel, viel Sonne . . sonst sterben sie . . und . .
ich möchte noch nicht sterben ! . . es ist ja so schön auf der
Welt! . . .

*

Und der Sturm heult ums Haus und die Wellen bran-
den, dass wir es bis in das kleine Stübchen hereinhören und
wir sitzen im Sofawinkel und lachen, wie gut wir uns vor dem
Herbst draußen versteckt haben.

# Regen

Nun fängt es wieder an zu regnen und wie zwei Kinder hatten wir uns auf diesen letzten Tag gefreut : noch einmal all die lieben Wege zu gehen : im Wald, am Strand, zum Nordperd und den roten Klee entlang nach Middelhagen . . unsere schönen, lieben, grünen Wiesen hin . .

das Herz noch einmal satt zu trinken an all der seligfrohen Ruhe, an all dem süßen sonnigen Sonnenschein . .

und nun liegt Alles grau und grau immer neue Wolken schleifen über die Wiek und immer tiefer senken die Sonnenblumen ihre Kronen.

## Abschiedsmorgen

Die ganze Nacht über Südweststurm, der alle Wellen auf die hohe See hinaustrieb, und nun so still, wie es nur am Meer still sein kann und nur nach Sturm . .

Mit breiten Silberbändern liegt die Morgensonne auf dem Wasser . . .

Aus der Prorer Wiek vor Saßnitz tauchen ein paar Boote mit kupferbraunen Segeln und hinter ihnen in der Ferne raucht der Dampfer auf . .

Langsam arbeitet sich der Gepäckwagen durch die Dünen . . und mit schweren Wasserstiefeln kommen die Fischer den Bretterweg herab geklappert.

Koffer, Kisten, Körbe werden über den Steg geschleift und in die Kähne getürmt.

Allmählich sammeln sich auch die Abfahrenden . . . drollig bepackt und beladen mit Mänteln, Schirmen, Schachteln . . und Kistchen und . . Kästchen mit Sand und Steinen . . Jedes will etwas mitnehmen . .

Es wird eingebootet . .

Küsse, Grüße, Tücherwinken . .

Auf dem Dampfer spielt die Musik . .

> Muß i denn, muß i denn zum Städtele naus
> und du mein Schatz bleibst hier ! . . .

Wie wehmütig, wie lustig das über die weiten stillen Wasser klingt ! . . .

> wann i komm, wann i komm,
> wann i wiederum komm,
> kehr i ei, mei Schatz bei dir !

Das letzte Boot hackt ab und fährt zurück.

Ein Glockenzeichen . .

ein Kommandoruf . .

Maschinenstampfen . .

ein leiser Ruck . . und . . es ist vorbei !

# Die Stadt

Und nun liegt Alles wieder im Schatten . . Wetterwolken stehen am Himmel . . grau in grau . .

und hinter Werften, Kohlenspeichern und Eisenbahnschuppen taucht die Stadt auf, im Dunst des Qualms von hundert Schlöten . . schwarz, rußig, schmutzig . .

die Stadt . . die stolze Zwingfeste des Menschen und der Mensch der Stadt . . mit seinem

müden, verfurchten Gesicht . . müd geworden in der gehässigen Angst um Heute und Morgen ; und verfurcht von seinem Kampf um ein bisschen Ruhe und Freude und Luft und Licht . .

und die stille, sonnüberlachte Insel mit ihren weiten freien Höhn, mit ihrem frohen weißen Strande liegt versunken wieder in die Ferne

unauffindbar

wie die frühverlorene Jugend dieses Menschen.

*

Und doch :

er läutert Gold in seinen Essen und holt mit stolzen Schiffen Dimant und Perlen über die Meere und schmiedet eine Krone in seinen Werkstätten . .

und diese Krone auf dem Haupte wird er

lächelnd das Schwert abgürten einmal

und als König

umjauchzt von Jubelliedern

wiederfinden die verlorne Spur.

# Lotte

## Eine Lebensidylle

Aus den Jahren
1893 und 1894

„Es ist ein stetes Wunder-Erleben !
es ist ein stetes Rätsel-lösenwollen !"

Ein Jahr . .
ein ganzes Jahr nun ist es schon, dass du da herumkrab-
belst und uns anlachst aus deinen dunkeln Augen, wie eine
große Frage, verwundert und rätselhaft, als sollten wir dir
Antwort geben, und ohne dass du selber doch etwas erzählen
könntest oder von dir wüsstest oder dass wir mehr wüssten,
als am ersten Tag . .

und wenn wir noch so gerne etwas herauslocken
möchten aus dem Geheimnis deiner kleinen Seele und wenn
wir noch so gern die Traumschleier lüften möchten, aus denen
uns dein Leben zulächelt und noch so oft „Guck-Guck !" und
„Gib's-Händchen !" mit dir spielen . . .

eine Frage . . das ganze Geschöpfchen !

Niemand aber wird sie lösen,

bis du sie selber lösest, wenn der Sonnenschein dich so
weit gebracht hat, dass es in dir auseinandergeht und sich
auffaltet, leis und heimlich, Blättchen um Blättchen, wie bei
einer Knospe, wenn Mai und Juni sie umschmeichelt . .

bis du aufwachst eines Morgens und dich in deinen Kissen aufsetzt und über dich selbst erstaunt neugierig in die Welt lachst : Ja, da bin ich ! die Lotte ! und nun . . los !

Statt einer Frage aber sind es dann hundert und tausend . . und jedes Wort und jeder Blick ist wieder eine neue !

und . . nur ein paar Monate noch vielleicht, frühling- und mai-wärts ! . .

Aber du brauchst nicht zu eilen ! und wenn Vater und Mutter noch so gern dich früher wachküssen möchten, ihre Namen von dir zu hören und Menschenfreude an dir zu haben

schlaf ruhig weiter noch ein Weilchen ! schlaf ruhig weiter noch in deinen Geheimnissen und Fragen ! träume ruhig weiter noch in deinen Rätseln und lass dich nicht wecken !

es ist Torheit, zu frühe zu sein ! . . es erfüllt sich alles ganz von selbst zu seiner Zeit . .

ein Jahr ist es ja schon und das Leben vor dir ist noch lang genug, weiß Gott ! . . obschon es dir verränne, wie ein kurzer Mai, wenn alles käme, wie man dir wünschte ! wenn alles würde, wie man dir gönnte !

*

Zehn Jahre später . . .

und du bist ein großes Mädchen, gesund, rotwangig, mit blitzenden Augen im Kopf, mit langfliegenden Zöpfen und wie deine Mutter heute dir Wiegenlieder vorsingt, so singst du sie deinen Puppen . .

und du gehst in die Schule, kannst längst schon lesen, schreiben und rechnen, und bist fleißig und lustig und voll Schelmerei und Ausgelassenheit . .

doch auf einmal auch befangen wieder und

verlegen . . schämig, scheu und schüchtern, als erschreckest du vor all dem Wunderbaren, das sich um dich breitet und aus der eigenen Seele sich vor dir enthüllt . .

Leis und heimlich, wie das Frührot über die Berge dämmert und die Sterne erblassen macht, drängt sich das Leben draußen in deine stille Traulichkeit

und voll Furcht und doch voll Neugier wieder stehst du in dem Tagwerdenwollen um dich her und mit immer süßerem Bangen zittert dir das Wachwerden der Lieder durch das horchende Herz.

Von uns allen freilich, denen du jetzt die Ärmchen entgegenreckst, wird wohl keines mehr um dich sein. In alle Weltgegenden wird es uns auseinandergetrieben haben . . wie gerade der Sturm kam . . südhin und nordhin . . .

Dein Vater aber erzählt dir dann und wann wie es gewesen, damals, als du auf die Welt kamst . .

wie wir bei einander waren . .

Sonntags . .

in der kleinen Balkonstube der Großmutter, und Schach spielten und Patiencen legten . . und Lieder sangen . . oder das Heil der Zeit erwogen und große Reden redeten . . oder . . von Manuskripten sprachen, die wir wieder einmal zurückbekommen hatten . .

immer lustig und vergnügt . . trotz allen Sorgen und Enttäuschungen . .

und wie wir zusammen lebten . . gehetzt und vervehmt, aber froher Hoffnung in der Zukunft, wie die ersten Christen in Rom, und miteinander teilten, was wir hatten und uns Trost zusprachen und Glauben und uns in unseren Idealen wieder bestärkten, wenn wir mutlos geworden waren :

uns durchzukriegen durch den Alltag lumpigen Lebenmüssens !

*

Und noch einmal zehn Jahre

und es sind tausend Wochen und du bist zwanzig . .

Du gehst nicht mehr in die Schule, spielst nicht mehr mit Puppen, lässt nicht mehr die Zöpfe fliegen . .

du bist ein Fräulein

und trägst lange Kleider . .

längst schon !

und hast einen kleinen Ring am Finger und sitzt und nähst . . an deiner Aussteuer . . .

Es ist Tag geworden . . In blendendem Goldglanz klomm die Sonne über den Horizont und mit lauter Lerchen-liedern jubelt es aus deiner Brust ihr zu. In flimmernder Taupracht blitzt der Morgen über das erwartungsstille Tal . . die letzten Schleier der Nacht lösen sich von den Hängen und in bebendem Verlangen treibt und drängt und quillt und schwillt es ihm entgegen, mit tausend Knospen und Blüten —

voll Furcht und doch voll Sehnsucht geküsst zu werden und aufblühen zu dürfen . .

Am Garten vorbei ziehn singende Burschen ihres Weges in die Weite . . und bei deinen Weißdornhecken bleibt einer stehn und scherzt zu dir herüber und schwingt sich über den Zaun und lacht und tollt dir nach und fasst dich und küsst dich und du . . du küsst ihn wieder . . selig, überselig . .

Und ihr sitzt vielleicht wiederum in einer Balkonstube und kichert miteinander, oder ihr singt euch was am Klavier . . oder . . zankt euch auch, wie Brautleute sich zanken : ob Kinder mit Strenge oder mit Güte zu erziehen . . oder ihr beratet, wie das und jenes einzurichten wäre und wie das und jenes gemacht werden könne . . am besten und am billigsten . .

und wenn die Mutter einmal meint : das sei unpraktisch ! dann heißt es, gerade wie sie zwanzig Jahre vorher selber sagte . .

„Nun ja, zu deiner Zeit, Mutterchen ! aber seitdem, weißt du . . seitdem ist die Welt ganz anders geworden ! zu deiner Zeit war man noch nicht so weit und Eisenbahnfahren und Dampfschiff war noch was Merkwürdiges !"

Oder ..

der Vater kommt heim .. aus der Stadt .. er hat längst schon weißes Haar .. und hat einen Jugendfreund getroffen, einen von uns vielleicht .. und er kommt ins Erzählen : von damals .. als du noch klein warst ..

und du holst ein vergilbtes Photographiealbum und ihr zeigt euch die Bilder, die wir von dir gemacht .. und du lachst: wie man so klein sein könne und so dumm aussehen ! und heut seiest du doch viel hübscher ! und wie du nie still gehalten hättest und was du für ein Wildfang gewesen, dem kein Zaun zu hoch und keine Mauer zu steil ...

und dein Liebster drückt dir heimlich die Hand unterm Tisch und legt den Arm um dich : aber .. er habe dich doch eingeholt ! und ein paar Monate noch und ...

und die Welt liegt vor euch in der goldenen Sonnenfreude eures Glücks, mit wogenden Feldern und duftenden Wiesen und rauschenden Strömen und blauen Seen .. endlos offen .. wie ein großer Gottessonntag .. von seligen Liedern durchjauchzt.

*

Und wiederum zehn Jahre später ..

hast du längst selber so ein kleines Ding um dich herum, oder zwei oder drei, wie du jetzt selbst noch bist . . das dich anlacht, aus seinen dunkeln Augen, wie eine große Frage, aus lauter Geheimnissen und Rätseln und Wundern heraus, und du stehst, wie wir heute vor dir, und möchtest sie lösen . .

Die Welt ist anders geworden . . es sind andere Dinge und andere Menschen und doch ist alles, wie heut und immer !

Wie deine Mutter einst mit dir, spielst du nun mit deinen Kindern, und kommen sie in der Dämmerstunde und wollen Geschichten erzählt haben . . kramst du ein altes, zerrissenes Märchenbuch hervor, das einer von Großvaters Freunden damals gedichtet.

Wie lang das nun her ist ! Herrgott ! . . damals . . ja ! als der Großvater die Großmutter nahm . .

und besucht dich eines von uns einmal, so hinkt ein altes Männchen in die Türe, wie dein Vater . . mit schneeigen Haaren, wackelig und zitterig . . oder ein altes Frauchen, gebückt und mit Schrumpeln im Gesicht, wie deine Mutter . . müde von dem weiten Weg, den es nachgerade gemacht hat, fünf und sechzig Jahre weit vielleicht . . .

und du schickst deine Jungens, die Großeltern zu rufen : es sei Besuch gekommen . . Tante Emmy !

O ! und es gibt eine Freude bei den alten Leutchen, kaum zu sagen . . Sie umarmen einander und küssen sich und weinen . . wie Kinder oder . . als ob jemand gestorben sei !

Gestorben freilich sind viele ! es ist ja auch lang genug her ! ‚Dreißig, vierzig, fünfzig Jahre wird's ja wohl sein, Emmy ? . . hätten wir auch nicht gedacht, damals . . und als die Lotte kam ! Ja, Ja ! . . ja, ja ! . . zur Feier des Tags aber wollen wir heute noch einmal jung sein und . . und . . '

Und dein Mann, Lotte, macht eine Bowle und sie stoßen zusammen an und trinken, ‚auf damals !' . . und fragen und reden und erzählen . .'

‚und wie dumm man eigentlich war, mitunter !
und wie unnütz man sich das Leben verärgerte ! . . und wie hoch wir alle hinausgewollt ! . . und was aus dem und dem geworden ! ? . . und wie das Radeln aufkam ! ja ! . . und wie es aber doch schön war, Alles ! trotz allen Sorgen !' . .

doch es klingt immer leiser und zuletzt nur : „Weißt du noch ?" wenn du mit deinem Jüngsten auf dem Arm in Zimmer trittst, ihn zu zeigen, und Guck-Guck ! und Gib's-Händchen ! mit ihm machst . .

und der Großvater geht vielleicht ans Klavier . . was er schon lange nicht mehr getan . . und spielt ein Liedchen. Aber es klappt nicht recht und gefällt auch niemand mehr . . es ist viel zu altmodisch ! nur Tante Emmy kann sich noch etwas dabei denken . . ihr andern langweilt euch.

Und wenn sie dann aufbrechen, bringt ihr sie ein Stückchen . . heimlich aber sagst du zu deinem Mann : „ich bin doch froh, dass wir noch jung sind . . es ist nichts mit so alten Leutchen ! . . "

Die alten Leutchen freilich sind wir gewesen, Lotte, die dich aus der Taufe hoben, damals ! . .
und . .

*

Und abermals zehn Jahre . .

und du hast auch schon wieder eine, die nicht mehr mit Puppen spielt und nicht mehr in die Schule geht und die Zöpfe fliegen lässt . . die lange Kleider trägt und ein Ringlein am Finger und an ihrer Aussteuer näht . . und abends kommt ihr Liebster und ihr sitzt in einer Balkonstube und die zwei kichern miteinander und beraten, wie das und das wohl einzurichten wäre . . es könne auch mehr kosten, wenn's nur schön würde . . Papa habe ja gespart !

und das Leben liegt vor ihnen, licht und frühlingsherr-
lich, mit wogenden Feldern und duftenden Wiesen und
rauschenden Strömen und blauen Seen . . endlos offen . . wie
ein großer Gottessonntag . . von seligen Liedern durchjauchzt.

Es ist Alles anders, als damals, und doch wieder : wie
heut und immer.

Von uns natürlich ist niemand mehr da. Wir sind zu
müde geworden allmählich und sind ausruhen gegangen . . .

Du aber bist noch jung, im schönsten Sommer. In ro-
ten Rosen glüht die Welt. Aus tiefblauem Grunde tropft die
Sonne ihr Gold über das reifende Land. Ährenschwer rauscht
das Korn durch die weite stille Mittagsruhe, wenn ein
heimlicher Wind aufwallt und mit durstigen Lippen sich an
ihm satt trinken will, und leise in den Hecken lockt ein
Vogelruf . .

Und wenn dir auch zuweilen ist, als klinge es wie Si-
chelklang in der Ferne und als röte sich das Laub schon an
den Bergabhängen . .

noch ist es Sommer ! . .

Und klingt der Klang der Sicheln dann auch immer
näher und klingt der Ruf des Vogels immer ferner und
schleiern sich allmählich auch Nebel über die Wiesen und

zittert jene Wehmut des erfüllten Wunsches, jene Wehmut des Glücklichseins dir immer lauter durch die Brust, mit ihrer Sehnsucht : dich wieder sehnen zu dürfen, wieder säen zu dürfen, nicht nur ernten . .

dann lachen deine Kinder jubelnd ihren jungen Frühling dir entgegen.

*

Und bist du fünfzig . .

machst du vielleicht wiederum Guck-Guck zu solch einem Geschöpfchen, wie du heute selber noch bist . . das dich anlacht aus seinen dunkeln Augen, wie eine große Frage ..

aber: als Großmutter . . zu einem Enkelchen !

Es ist Oktober und November geworden und kahl und kalt draußen, und Blumen gibts nur noch beim Gärtner, und der Himmel ist grau und hängt voll Schnee, und es friert dich und fröstelt dich . .

und alles ist so anders geworden um dich her, als es früher war . . du kannst dich kaum mehr zurecht finden . .

und . . es lohnt sich auch nicht mehr ! und du lässt den Dingen ihren Lauf !

Zu dem einen Enkelchen aber sind mehr gekommen, Buben und Mädchen . .

und du flüchtest dich vor ihrem Lärm auf dein Zimmer.. eingerichtet, wie es dir behagt und wie mans früher hatte, gemütlicher als jetzt mit all den tausend neuen Erfindungen und ,Vereinfachungen' : ein paar Stücke aus deiner Brautzeit, ein Schrank, ein Lehnstuhl, von deiner eigenen Großmutter noch, und alte Bilder . . und du liest etwas, oder stickst, oder strickst, oder flickst . .

bis die kleinen Wildfänge plötzlich an die Türe kommen : ob sie herein dürften ? sie würden mäuschenstille sein, wenn du ihnen was erzählen wollest !

und sie betteln und schmeicheln so lang und so schön und machen so liebe Augen durch den Spalt . . bis du Ja sagst und das Jüngste auf den Schoß nimmst und zu erzählen anfängst :

vom Rotkäppchen und vom Schneewittchen und vom kleinen Muck . . alles, was man dir auch erzählt hat, damals . . und du seiest auch einmal so klein gewesen, wie sie, und

habest auch eine Großmutter gehabt, ihre Ur-Ur-Großmutter .
. . ja ! ja !

und die habe alles mit erlebt und habe auch . . Bismarck
noch gesehen und den alten Kaiser und . . wie es Krieg
gegeben hätte mit den Franzosen und wie man die Wacht am
Rhein gesungen und wie es ins Elsass gegangen sei . . ein
Eisenbahnzug immer nach dem andern . . ganze Tage lang . .
und bloß Soldaten und Pferde und Kanonen . . über den
Rhein, der damals noch den Franzosen gehört habe . . und wie
man Spichern gestürmt und Sedan belagert und wie der
Napoleon habe kapitulieren müssen . . und wie bei Paris dann
alle König und Fürsten von Deutschland zusammen gekom-
men und Bismarck den König Wilhelm zum Kaiser ausgerufen
. . .

Länger als siebzig Jahre sei das jetzt . . aber ihre
Ururgroßmutter habe das alles noch gesehen . .

wie die Leute geweint hätten vor Freude, auf der Stra-
ße . . . und der alte Kaiser Wilhelm sei fast hundert Jahre alt
geworden und zuletzt habe nur noch Bismarck gelebt, aber
weit weg in einem einsamen Schloß in einem großen, großen
Wald . . .

Ja, ja !

*

Noch einmal zehn Jahre dann

und du bist sechzig, und es ist Dezember und geht Weihnachten zu.

Deine Enkel sind in die Welt hinaus .. die Jungen, was Ordentliches zu werden, die Mädchen mit einem braven Mann.

Dann und wann kommt eines von ihnen zu Besuch und das sind immer ein paar schöne Wochen !

Und zu Ostern soll es eine Taufe geben .. ein Urenkelchen !

Ob du es noch erlebst ?

Oder eine Jugendfreundin, eine Tante Emmy kommt einmal .. Es werden ihrer freilich immer weniger !

Du bleibst immer länger in deinem Zimmerchen, immer lieber auch für dich allein .. und liest etwas .. obgleich es nicht mehr so recht gehen will .. und .. sie schreiben auch nichts Rechts mehr !

Vorm Fenster, über dem Platz drüben, liegt ein Kirchhof .. Alles weiß und zugeschneit, nur ein paar schwarze

Kreuze und Steine ragen aus dem Schnee und der Wind pfeift und heult ums Haus . .

und du denkst, wie lang es wohl noch daure, bis es wieder schön werde . . Frühling . . und zu blühen anfange ? !

wenn man einmal sechzig, denkt man das mitunter ! . . oder du kramst in deinen Schubladen herum : alte Briefe, ganze Päckchen, aus deiner Brautzeit . . und, von deinem Vater noch, vergilbte Zeitungen mit Aufsätzen und ein paar alte Photographien, die du dir gerettet, als die Jungens das Album zerrissen ! eine junge Frau auf einem Balkon . . ein Kind auf dem Arm . . und du wunderst dich, dass du das gewesen !

Auf einmal aber kommt es wieder . . und du rechnest : wie lange es noch bis Ostern sei und bis es Frühjahr werde . . und du setzt dich an deinen Tisch und schreibst . . deinem Enkelkind :

Es sollte sich nur keine Sorge machen, und wenn auch nicht alles würde, wie man möchte . . wenn man sich Mühe gäbe, könne man alles und bleibe der Lohn nicht aus ! und so wie es gehe, sei es immer am besten. Du habest das fünfzig Jahre lang erfahren . . so wie es gehe, sei es immer am besten !

Und wenn es auch über deine Sprüche lache, in solchen Großmutterweisheiten lägen so ewig neue und tiefe Wahrheiten, dass man sie recht eben erst als Großmutter verstünde.

Vor allem aber dürfe man nur nicht meinen, als müsse alles immer glatt gehen, als müsse tagaus und ein die Sonne scheinen und als gehöre Ärger und Verdruss und Unheil nicht ganz ebenso zum Leben, wie Freude und Glück ! . . im Wechsel läge das Schöne ! . . und als dürften Eheleute sich nicht auch einmal rechtschaffen zanken ! das täte gar nichts ! du habest dich auch gezankt und oft genug . . und seiest doch vergnügt gewesen . .

die Hauptsache sei : sich nicht aus einander zu zanken, sondern sich zusammenzuzanken

und das gelte dem ganzen Leben gegenüber : . .

man müsse verstehen, sich mit ihm

z u s a m m e n z u z a n k e n !

Es sähe alles weit verwirrter aus, als es in Wirklichkeit wäre .. in der Jugend aber sei man viel zu unruhig und stehe viel zu nahe bei den Dingen ...

erst im Alter, wenn man mehr über das Ganze blicke, erkenne man, wie viel einfacher alles wäre, wenn man es selbst nur einfacher nehme ..

und wie auch der größte Kummer immer nur daraus entstehe, dass man Menschen und Dinge immer nur wolle, wie man sie haben möchte .. anstatt wie sie wirklich wären ..

und dass man sie immer nur für sich, anstatt in ihrem ganzen Zusammenhang nehme ...

dann erst stehe man drüber ! ...


Das aber sei deiner Großmutterweisheiten weiseste !

# Morgenwanderung

### Ein
### Sonnenaufgangslied

Aus Januar 1894

Und sie zogen aus, als zu einem Mörder, mit Stangen und Schwertern, ihn zu sahen ; Hohepriester, Schriftgelehrte und Pharisäer ...

(: Und er saß täglich im Tempel bei ihnen und lehrete sie !)

nach Matthäi 26,45.


... mich dünkt : es war immer so zu Zeiten Sokrates' wie zu Zeiten Jesu ! zu Zeiten Galilei's wie zu Zeiten Luthers ! ....

Jost Seyfried.

Dämmerige Nacht lag über dem Land. Es war mild, fast warm. Anfang Mai. Ein mächtiger Tausturm hatte sich erhoben und wogte seine Frühlingssehnsucht von den Bergen. Wie ein großer Osterchoral donnerte er über die Gräber und rief zur Auferstehung.

Die Wälder bogen sich und reckten sich und krachten unter seinem Rütteln ; jahrhundert-alte Eichen brachen zu Boden und wie Rohr zerknickte, was dürr und morsch war und zu schwach und kraftlos, aufzuleben. Nur was gesund und stark und triebfähig, hielt stand. In der Tiefe des Himmels zuckten wie verlöschenwollende Lichter die Sterne zwischen den zerrissenen und zerreißenden Wolken, die er lachend, wie Flaum, über uns dahinfegte, als freue er sich, einmal aufräumen zu können mit allem, was nicht niet- und nagelfest war. Selbst der Mond schien sorge zu haben, über den Haufen geblasen zu werden und verkroch sich hinter zusammenstiebende Wolkenfetzen. Die Erde bebte unter seinem Donner . .

aber es war nicht das Beben der Furcht . . es war das Beben der Freude, denn er brachte die Erfüllung ihrer Sehnsucht.

Von den Hängen schwollen die Quellen mit lautem Geriesel und die fahle, jeden Augenblick wechselnde Beleuchtung überrann alles mit phantastisch-gespenstischem Leben.


Vor den Gehöften und Häusern, an denen unser Weg vorüberführte, standen dann und wann die Leute. Der Sturm hatte sie vom Schlaf aufgejagt ; denn das leichte Balkenwerk ihrer Behausungen erzitterte in allen Fugen unter seinen Stößen. Die Wetterhähne schrieen von den Giebeln. Es pfiff und heulte. Türen und Fenster sprangen auf und schlugen. Vom Dorf herüber klangen die Glocken, angstvoll, dumpf, drohend, wie wenn . .

Die Leute sagten : der Küster sei es nicht, der so läute ! und blickten bleich und verstört, furchtsam und feig zum Himmel, und die Weiber beteten Der jüngste Tag kommt ! Die Welt geht unter ! Herr Gott behüt uns ! . . .

Nein, Mütterchen ! Die Welt geht nicht unter ! Noch lang nicht ! Es wird nur endlich Frühling !

Frühling ! und wenn's noch so tobt !

Frühling ! ja ! . . .

Und lachend zogen wir weiter und sangen und ließen uns den Tausturm in die Brust wogen . . wir waren ja gewohnt, im Sturm zu stehn ! . . und sangen und jauchzten : Frühlingwärts ! Morgen zu ! Sonn' entgegen !

Sonn' entgegen ! Frühlingssonn' entgegen !

Das war es ja auch !

Wir wollten die Sonne einmal aufgehen sehen, und das Frühlingsdrängen in uns trieb uns ihr entgegen . . mit der ganzen Lust unseres Hoffens, mit dem ganzen Glauben unserer Jugend, mit der ganzen Jugend unseres Glaubens !

Ein paar, die Furcht überkam und denen unheimlich wurde vor all den lebendig werdenden Baumstümpfen und Hohlwegschatten, drehten um, da sie . . , sich nicht erkälten wollten in dem sinnlosen Wetter' , und verloren sich zurück in ihren trübseligen Alltag.

Wir andern aber zogen weiter durch die prächtige Nacht und ihren jauchzenden Frühlingssturm und ließen uns, aufschauernd, sein Evangelium in die Seele donnern. Das Evangelium des Morgenwerdens.

Weit hinter uns in qualmigem Nebelbrüten lag die Stadt und alles Mauerumgebenen, Enge, Beschränkte und Beschränkende, die ganze dumpfe Leere und Schwere hungriger Alltagspflicht und würgender Werktagsangst, und vor uns, um uns, frei und freudig, mauerlos, weit und offen, voll Lebensdrang und Sonntagsglauben die sternüberflackerte, sturmlodernde Erfüllung unserer Sehnsucht.

Und wir sangen ihr Lied, das Lied des Morgens, das Lied der Sonne in den donnernden Sturm und er trug es weiter über die Berge und von den Bergen in die Täler und jauchzend rief das Echo es zurück.

Wir kamen durch Ortschaften und Höfe. Die Nachtwächter fuhren aus ihrem Schlummer, stolperten uns nach mit ihren Laternen : still zu sein und die Ruhe der Dörfer nicht zu stören mit unserem törichten Gesange. Der Morgen käme von selber, ohne unser Geschrei. Vorderhand aber sei es noch Nacht und wir sollten die Leute schlafen lassen. Schlaf sei etwas Heiliges !

Ja : die Leute ! ! Sie lagen und schliefen ! Anstatt auf zu sein in Glauben und Freude, anstatt der Sonne entgegenzuwachen, mit der der Frühling kommt, von dem sie doch träumen und nach dem sie sich sehnen !

Es war immer heller geworden.

Wir hatten die gerade Richtung verlassen und erklommen einen Hügelzug, der ins Tal auslief und von dem sich eine freieren Aussicht bot. Der Sturm hatte sich allmählich auch gelegt, als ob er sich genug damit getan, die Nacht gebrochen zu haben. Die Sterne verglommen. Der Mond verschwamm in der Tiefe, wie das weiße Segel eines am Horizont hinabtauchenden Bootes. Es war fast etwas frostig geworden. Kühle Schauer rannen durch die Luft. In den Talbreiten zu unsren Füßen lag alles in schmutzigem Nebel, wie tot, und an den Abhängen krochen und kletterten scheue Dunstflüge herum.

Vor uns . . jenseits, überm Tal, stand das Gebirge. Sein Gipfelgrat zeichnete sich in harter, scharfer Linie von dem silbergrauen, sich nach und nach mit leisem Rot überhauchenden Grund des Himmels hinter ihm ab.

Da bemerkte ich auf einem der Berghäupter drüben etwas herumkrabbeln . . schwarze Gestalten, Menschen, richtige Menschen, nur infolge der Entfernung kaum größer als Gullivers Liliputer, zwerghaft, wunderlich. Es sah närrisch aus. So närrisch, wie einem all dergleichen vorkommen muss, wenn man etwas nur sieht und nicht auch hört. So närrisch, wie einem Tauben vielleicht das ganze Leben, das ganze Treiben der Welt erscheinen mag.

Als ob wir in einem Marionettentheater säßen und einer niedlichen Pantomime zusähen. Der helle Himmel hinter dem Gebirg bildete den weißen Vorhang und wie in einem Schattenspiel hoben sich die kleinen schwarzen Kerlchen, gleich zierlich putzigen Silhouetten, mit allen Bewegungen scharf gegen den lichten Hintergrund ab.

Ein richtiges Schattenspiel . . .

Der kleinen Kerlchen aber wurden immer mehr und mehr, und als unter einem Windstoß der Nebel etwas verzog, erkannten wir, dass es in seinem Schutz den ganzen Berg hinauf in hellen Haufen stand. Sie zappelten und fuchtelten mit den Armen in der Luft herum und rannten in seltsamer Hast und Unruhe hin und her.

Dann schien plötzlich etwas los zu sein. Sie kamen mit langen Stangen und Haken, mit mächtigen Winden, Haspeln und Kettenrollen. Wieder andere schleppten sich mit Leitern, die für ihre Größe ungeheuer sein mussten, und es begann an allen Punkten eine fast fieberhafte Geschäftigkeit. Die Erde wurde aufgegraben, der Felsgrund gesprengt und riesige Pflöcke darin verankert. Dann schmiedeten sie lange eiserne Ketten durch die Ringe, und Drahtseile und Taue und verklammerten mit diesen wieder die großen Leitern, die sie hinausgeschleppt hatten.

Hinter dem Gebirgsstock aber wurde es immer heller und heller, wie brodelnder Gischt dampfte es ab und zu empor. Doch je heller es wurde, um so unruhiger und eiliger, um so aufgeregter wurde das Getrippel und Gearbeite der kleinen Schattenkerlchen.

Ich unterschied nun eine ganze Armee von Lanzknechten und Piken und Hellebarden, mit Morgensternen und Donnerbüchsen. Sie hielten am Berg hinauf, in verschiedene Fähnlein geteilt. Auf einer etwas tiefer gelegenen Kulm war eine ganze Batterie von Mörsern und Kanonen aufgefahren, als gelte es ... Gott weiß was für eine Völkerschlacht.

Die Leitern wurden aufgestellt und ragten senkrecht in die Luft und die ganze Gratlinie stand voll von Leuten mit Stangen und Haken, so lang und schwer, dass es ihrer immer ein ganz Häuflein zugleich bedurfte, sie zu regieren.

Allmählich aber ahnte mir, was das alles bedeuten möchte.

Ich lachte.

‚Nein, Mütterchen ! Die Welt geht noch lange nicht unter ! Keine Sorge ! Es wird nur endlich . . Frühling !

Gott sei Dank !'

Es wird nur endlich Tag !

Nach so langer, dumpfer Nacht !

Und wir stimmten das Lied der Erfüllung an, das Lied des Morgens, das Lied der Sonne und ihres Aufgangs . . . und es brauste wie Orgelklang durch die Stille, siegverheißend, jubelnd und jauchzend !

Kühle Schauer zitterten durch die Luft, während der Himmel drüben sich mit roten Feuern überglutete, und unsere Schattenmännchen, gleich tagscheuen dunklen Nachtgeisterchen, immer unruhiger, erregter und gestikulierender hin und her rannten.

Da :

Ein blendender Blitz . .

und mit purpurgoldener Flamme taucht der Sonnenball über die graue Kammlinie und strahlt ein loderndes Hallelujah über die Welt.

Tag ! Tag ! Tag !

Und Frühling ! Frühling !

Im selben Augenblick aber schlugen die Kerlchen drüben die Widerhaken ihrer Stangen in den emporstrebenden Ball, um ihn festzulegen. Andere warfen die Leitern über ihn und kletterten mit flinkster Geschicklichkeit darauf hinüber. Sie rollten lange Seile und Taue hinter sich ab, rammten Pflöcke ein und verhakten ihre Ketten daran, während die ganze Soldateska auf dem Berg in Bewegung kam und anpackte, die Sonne wieder in ihre Tiefe zu zwingen.

Wir lachten.

Aber immer neue Haufen rückten an, mit immer längeren Stangen und Leitern und Ketten.

Sie zerrten von den Berghängen große Wände herauf, Nebel, Segelleinen oder was es war.

Wie blauer Rauch jedoch zerrannen sie vor ihrem Licht . .

und die Sonne stieg höher und höher über den Gebirgsgrat, ruhig, unbeirrt und unbekümmert und blendete immer lichter in die Welt.

Was wollten ihr diese Fliegen !

Da griff die Feuerwehr in den Kampf ein ; zwölf, zwanzig Schläuche zugleich ergossen ihre Wasserstrahlen, von uns aus gesehen so dünn freilich, wie Spinnwebfaden . . . sie auszulöschen und über den Horizont hinunterzuspritzen.

Es zischte ein wenig, das war alles.

Schon flammte die halbe Scheibe über den Kamm.

Da plötzlich begann ein feines, zirpendes Geknatter, wie wenn Kinderpistölchen abgeschossen würden. Die Lanzknechte hatten mit ihren Donnerbüchsen losgelegt und von der seitwärts gelegenen Kulm krachte Kanonensalve um Salve durch die majestätische Bergruhe.

Doch es zischte nicht einmal. Ruhig und unbekümmert hob sich die Sonne aufwärts, höher und höher.

Immer neue Kettentaue aber wurden hinübergeschleudert und von den Waghälsen drüben angepflockt. Immer neue Schübe kletterten hinüber mit Hämmern und Klammern. Und an die diesseitigen Enden hängten sich ganze Knäuel, ihre Kraft und Stärke zu messen.


Da . . mit einem Male . . war es doch, als ob sie siegten.

Die Sonne stand eine Spanne hoch über dem Grat und hing wie ein Fesselballon in dem eisernen Netz, mit dem die Kerlchen sie in den wenigen Minuten übersponnen hatten.

Sie war gefangen.

Ihr Aufatmen und Höherdrängen spulte nur ein paar zu kurze Ketten ab, die in die Luft schnellten, die anderen zogen sich straff und straffer, hielten aber .. und es gab einen sekundenlangen Stillstand.

Die schwarzen Männlein hatten gewonnen.

Und schon zerrten sie wieder dicke Nebelwände von den Berghängen herauf und schon fuhren sie allerlei sonderbare, mächtige Maschinen herbei, die Gekettete zurückzuwinden, als es plötzlich einen kaum merkbaren, leisen, zitternden Ruck tat, der goldene Lichtwellen über das Tal warf.

Sie war wieder frei

und alles, was noch gehalten hatte an Ketten, Klammern, Tauen, Seilen, Stricken, Leitern, Stangen und Haken, riss durch wie Baumwollfaden, schnellte hoch und die ganze Soldateska purzelte jählings über den Haufen und kollerte in die Abgründe oder flog mitsamt ihren Ketten und Leitern, mitsamt der ganzen schönen Verankerung kopfüber lustig in die Luft. Gleich einem Aschenregen quirlte und rieselte es über den Berg und putzte ihn sauber . . . .

Wir lachten. Es war grausam .. aber wir lachten : wie diese Sonnenstürmer in ganzen Klümpchen an ihren Stricken und Ketten zwischen Himmel und Erde zappelten und gleich tollgewordenen Ameisen in Verzweiflung und Todesangst an ihren Leitern auf und ab wuselten.

Ein Teil suchte sich noch durch Abspringen zu retten. Es sah aus wie schwarze, in rote Feuer hüpfende Teufelchen!

Die anderen aber trug es höher und höher, bis in der steigenden Glut Kette um Kette schmolz und eine um die andere in den Abgrund klirrte und hinter dem Gebirg zu Stücken und Staub zersplitterte . . . .

Arme Schattenmännlein! doch warum waget ihr euch an die Sonne!

Und frei und makellos glomm sie in die Höhe in schweigender Glorie, groß und feierlich, heilig und herrlich loderte den Tag ins Tal und über die Welt und mit dem Tag den Frühling und mit dem Frühling die Erfüllung.

Die Menschen drunten schliefen noch. Gleich scheuen Verbrechern aber flüchteten die letzten Nebel und Schatten sich in ihre Schluchten und Schlüfte. Lerchen stiegen aus den Gründen und jauchzten zum Himmel . .

und wir standen und jubelten ihnen zu und sangen das Lied des Morgens, das Lied der Sonne und ihres Aufgangs und es war ein Lied der Freude und ein Lied des Siegs !

Leis aber frug ich mich : ob es jedesmal so sei, wenn die Sonne aufgehe ! ?

# Inhalts-Übersicht

## Rondos

## Lieder und Tagebuchblätter

## Mönchguter Skizzenbuch

**Lotte**

**Morgenwanderung**

# ꙮꙮꙮꙮ VORANZEIGE ꙮꙮꙮꙮ

Was blieb war ein Gedicht . . .

Cäsar Flaischlen

von
Boris Eggers

erscheint im Frühjahr 2003
bei
Books on Demand
Norderstedt